schöner kochen

DIE KUNST DER PERFEKTEN ZUBEREITUNG

Rezepte und Tipps für Partys und Feste

Vorwort

Sie freuen sich auf Gäste – wollen ihnen aber kein Buffet „von der Stange" bieten, sondern ganz besondere optische und kulinarische Highlights servieren? Oder möchten Sie Ihre Partyklassiker mit wenigen Handgriffen in wahre Eyecatcher verwandeln? Dazu bedarf es lediglich einer Spur Talent, einer kleinen Portion Eigenarbeit – und einer Prise Inspiration. Ganz sicher aber müssen Sie nicht zaubern können, um Ihren Gästen mit Liebe und Experimentierfreude zubereitete Gerichte zu kredenzen und sie mit außergewöhnlichen Geschmackserlebnissen zu überraschen.

In diesem Buch gebe ich Ihnen Anregungen für originelle Speisen und Dekorationen, die ohne großen Aufwand nachzukochen sind, aber jede Menge hermachen: von Tapas und Snacks über Spießchen und Stäbchen bis zu eingewickelten Köstlichkeiten und Kreationen im Glas, von pikant bis süß, von mediterran bis asiatisch. Das Besondere: Alle Gerichte überzeugen durch kreative Kombinationen und vor allem durch ihre raffinierte Präsentation – selbst einfachste Zutaten wie Tomaten, Rote Bete und Zucchini erhalten durch neue Zubereitungstechniken den Touch des Spektakulären.

Bei meinen Rezepten ist bestimmt die eine oder andere Anregung dabei, wie Sie Ihren Gästen einen Augen- und Gaumenschmaus bescheren. Und: Wenn Sie die unzähligen Deko-Ideen, Tipps, Tricks und Kniffe in Ihr Party-Repertoire aufnehmen, wird jedes Ihrer Gerichte genauso aussehen wie auf den herrlichen Fotos. Versprochen!

Ich wünsche Ihnen gutes Gelingen und traumhafte Partys und Feste im Kreis Ihrer Lieben!

Ihr Rafael Pranschke

Inhalt

Aus dem Alltag eines Foodstylisten

Aus dem Alltag eines Foodstylisten

Bewirtet man Gäste, freuen sich diese nicht nur über das Menü oder das Buffet, sondern auch über eine gelungene Inszenierung. Foodstyling – das kunstvolle Anrichten von Speisen – ist daher nicht länger nur Spielwiese für Sterneköche, sondern gewinnt auch bei privaten Festen und Partys immer mehr an Bedeutung. Das Spiel mit Harmonien und Gegensätzen, inspiriert durch den gezielten Einsatz von Formen und Farben, ist dabei der Schlüssel zur gekonnten Präsentation.

Ein schöner Abend mit Freunden – das ist für mich pure Lebensfreude: Ich liebe es, Familie und Freunde mit raffinierten Speisen zu verwöhnen. Doch nicht nur das, denn meine Arbeit als Foodstylist ist für mich nicht nur Beruf, sondern Berufung. Und so kann ich auch im Privaten Speisen nicht einfach nur nach ihrem Geschmack beurteilen und kreiere für meine Gäste mehr als nur Leckeres für den Magen: Es bereitet mir immer wieder Vergnügen, neue Produkte und Kombinationen auszuprobieren oder traditionelle Rezepte abzuwandeln und Gäste mit einem Buffet zu überraschen, auf dem selbst das kleinste Gericht durch seine erlesene Präsentation und Dekoration besticht.

Deshalb plane ich jeden Schritt sehr genau. Und immer öfter wähle ich ein Partymotto, das sich wie ein roter Faden von der Einladung über die Dekoration der Location und die Inszenierung der Speisen bis zur Musik- und Weinauswahl zieht. Das können spezielle Farben, ein besonderes Ereignis oder bestimmte Themen sein – oder aber eine Zutat, die in jedem Gericht eine andere Rolle spielt. Da wird das Sommerfest in unserem Garten schnell zu einer mallorquinischen Siesta mit vielen verschiedenen Tapas. Oder ich verwandle einen Grillnachmittag in ein amerikanisches Barbecue mit saftigen Spareribs, zarten Turkey-Sticks am Spießchen, würzigen Burgern und natürlich hausgemachtem Tomatenketchup. Sehr beliebt sind auch die Movie-Nights anlässlich der Oscar-Verleihung, bei denen ich für meine Gäste den roten Teppich ausrolle.

Und damit wirklich nichts schiefgeht, überlasse ich kein einziges Detail dem Zufall und plane die Party wie ein Event. Ich überlege mir die perfekte Kulisse, wähle Accessoires und Musik aus und entscheide, welche Farben dominieren sollen. Besteck und Gläser werden dabei ebenso thematisiert wie die passende Serviette. Danach widme ich mich den verschiedenen Speisen und der Präsentationsweise. Wird es ein klassisches oder ein Flying Buffet? Bereite ich an einer Live-Cooking-Station alles frisch zu? Oder begeistere ich meine Gäste mit einem mehrgängigen Fingerfood-Spektakel? Die schönste Phase der Partyvorbereitung ist für mich jedoch das Kochen und Präsentieren: Originelle Köstlichkeiten, ideenreich angerichtet, gesellen sich zu außergewöhnlichen Dekorationen und bereiten eine Atmosphäre, die mein Fest zu einem besonderen Erlebnis werden lassen. Und dann kommt die Kür: Meine Gäste sind da – und ich kann die Zeit mit ihnen uneingeschränkt genießen.

Sie sehen, als Gastgeber können Sie Ihrer Fantasie freien Lauf und sich zu traumhaften Partys inspirieren lassen. Viele meiner gesammelten Tricks und Ideen habe ich in „schöner kochen" für Sie zusammengefasst. Und noch ein wichtiger Tipp zum Start: Zelebrieren Sie bereits die Vorbereitungen ganz bewusst – dann gelingt nicht nur alles besser, sondern Sie als Gastgeber können Ihre Party später entspannt genießen.

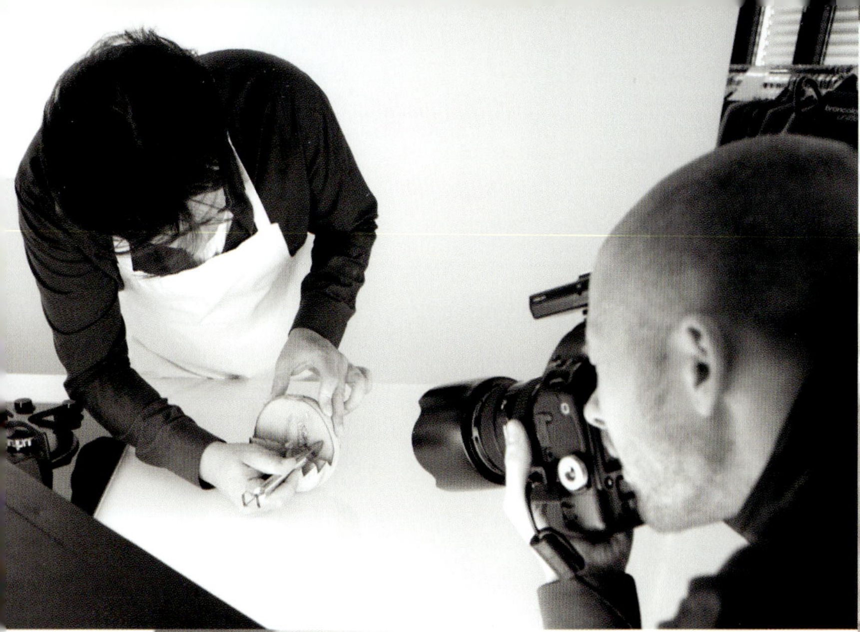

Hubertus Schüler

Making-of-Bilder im Studio des Food-Fotografen Hubertus Schüler

Deko-Ideen

Kunst auf der Tafel

Haben Sie je vor einem prächtigen Buffet voller Leckereien gestanden und das Einzige, von dem Sie Ihre Augen nicht lassen konnten, waren die spektakulären Dekorationen aus Gemüse, Früchten oder Eis? Und Sie haben sich bisher nur an Tomatenpilze, Radieschenmäuse, Petersiliensträußchen oder verzierte Eihälften herangetraut – frei nach dem Motto: Kennt zwar jeder, ist auch eher langweilig, aber immer noch besser als gar keine Deko?

Eine gelungene Dekoration sollte einem Gericht ein ansprechendes und appetitanregendes Aussehen verleihen. Mehr noch – sie stellt eine liebevolle Geste dar, ein Kompliment an Ihre Gäste ebenso wie an die Speise. Doch keine Sorge! Sie müssen nun keinesfalls Tempel,

Pavillons und Brücken nachbilden oder riesige Skulpturen aus Gemüse oder Eis schnitzen, um Ihre Gäste zu begeisterten Ahs und Ohs hinzureißen. Ich möchte Sie aber inspirieren, die Schätze der Natur in kleine kulinarische Kunstwerke zu verwandeln. Sie werden sehen: Mit wenigen Handgriffen erzielen auch Sie auf Ihrer Festtafel eine überraschende Wirkung.

Tipp: Sehr hilfreich für schnelle Dekorationen sind Kugelausstecher, Zestenreißer, Kernausstecher, eine Schneidemaschine und natürlich scharfe Messer in verschiedenen Größen.

A
B
C
D

Gurkenblüte (A)

Zubereitung

Ein ca. 8 cm langes Stück **Gurke** mit einem V-Garniermesser einschneiden – alle Einschnitte müssen gleichmäßig rund um die Gurke gehen und auf gleicher Höhe enden. Danach mit einem Gemüsemesser rund um die Einschnitte schneiden und das überschüssige Fruchtfleisch entfernen, indem Sie es drehen und mit der Hand herauslösen. Gurke auf der Standseite flach schneiden. Eine kleine **Melonenkugel** als Blüte in der Gurkenmitte mit einem Holzstäbchen fixieren.

1

2

3

Dekorieren mit Gemüse

Gurkenfächer (B) *(Foto Seite 10)*

Zubereitung

Ein ca. 15 cm langes Stücke **Gurke** längs halbieren. Gurke quer so in dünne Scheiben schneiden, dass die Scheiben an einer Längsseite noch zusammenhängen. Jede dritte Scheibe nach innen verdrehen und den Gurkenfächer auseinanderbiegen.

Gurkenschiffchen (C) *(Foto Seite 10)*

Zubereitung

Eine **Gurke** längs halbieren, schräg in Stücke schneiden und die Kerne entfernen. Die kleinen Schiffchen lassen sich wunderbar mit **Frischkäse** gefüllt als kleine Häppchen servieren.

Tipp: Wenn Sie gern die Schale an den Gurken lassen möchten, verwenden Sie am besten Bio-Gurken und waschen Sie diese vorher.

Gurkenkette (D) *(Foto Seite 10)*

Zubereitung

Eine **Gurke** in 10 cm lange Stücke schneiden und mithilfe eines Kernausstechers aushöhlen. Mit einem Julienneschneider die Schale streifig schälen und die Gurke in dünne Scheiben schneiden. Anschließend jede Gurkenscheibe an einer Stelle durchschneiden und die Scheiben wie Kettenglieder anordnen.

A
B
C

Zucchinifächer (A)

Zubereitung

Die **Zucchini** längs flach schneiden, damit sie einen besseren Stand hat. Der Länge nach dünne Scheiben in die Zucchini schneiden, dabei aber das Stielende zusammenlassen. Die erste Scheibe nach oben biegen und mit einem Holzstäbchen fixieren, die anderen Scheiben darunter umbiegen und ineinanderstecken.

1

2

Zucchiniblüte (B) *(Foto Seite 14)*

Zubereitung

Die **Zucchini** der Länge nach in sehr dünne Scheiben schneiden, diese dann quer über die komplette Länge ein-, aber nicht durchschneiden. Jetzt nur noch die Scheiben aufrollen – und fertig sind dekorative Zucchiniblüten.

1

2

3

Rote-Bete-Rosen (C) *(Foto Seite 14)*

Zubereitung

Die **Rote Bete** schälen und mit einem Hobel in dünne Scheiben schneiden. Eine Scheibe aufrollen und mit einem Holzstäbchen am unteren Ende fixieren. Die anderen Scheiben um die Knospe herum zu einer Blüte wickeln und mit Holzstäbchen feststecken.

Tipp: Zum Aufbewahren lasse ich diese „Rosenblüten" in kaltem Wasser liegen.

A
B
C

Lauchstroh (A)

Zubereitung

Lauch in 5–7 cm lange Stücke schneiden, diese dann bis zur Mitte einschneiden, mehrmals um 90 Grad drehen und nochmals einschneiden. Lauch ca. 10 Minuten in kaltes Wasser legen, bis sich die feinen Streifen nach außen biegen.

Tipp: Mit Lauchstroh veredeln Sie kalte Platten einfach, aber wirkungsvoll. Für Abwechslung sorgen Sie, indem Sie das Lauchstroh mit einer blanchierten Frühlingszwiebel umwickeln.

1

2

Dekorieren mit Gemüse

Zwiebelblüten (B) *(Foto Seite 18)*

Zubereitung

Gemüsezwiebel schälen, dabei das Wurzelende flach schneiden, aber nicht entfernen. Die Zwiebel bis zum Wurzelende ein-, aber nicht durchschneiden. Die einzelnen Schichten vorsichtig zu einer Blüte auseinanderziehen.

1

2

Tomatenkörbchen (C) *(Foto Seite 18)*

Zubereitung

Von mittelgroßen **Tomaten** einen Deckel abschneiden. Tomaten mit einem kleinen Löffel aushöhlen, mit **Frischkäse**, **Salat**, **Dip** oder **Granatapfelkernen** füllen und – falls gewünscht – einen **Schnittlauchhalm** als Henkel befestigen.

Tipp: Bei einem Streifzug über den Wochenmarkt können Liebhaber der runden, roten Frucht ungewöhnliche Exemplare entdecken: Die Farbpalette reicht von Grün, Gelb, Orange über Violett und Schwarz bis zu Weiß. Entdecken Sie diese Vielfalt für sich!

1

2

A
B
C
D
E
F

Limettenstern (A)

Zubereitung

Die **Limette** mit einem scharfen Messer ungefähr in der Mitte rundherum zickzackförmig einschneiden und die beiden Hälften voneinander trennen.

Tipp: Auf diese Weise können Sie auch andere Früchte und Gemüsesorten in sternförmige Dekorationen verwandeln.

1

2

3

Orangenkörbchen (B) *(Foto Seite 22)*

Zubereitung

Mit einem Kanneliermesser im Abstand von 5 mm vom Stielansatz der Länge nach Streifen in die Schale einer **Orange** schneiden – dabei auf Gleichmäßigkeit achten und nur bis zum unteren Drittel der Orange schneiden. Die Streifen zu einem Kranz flechten, dabei einen Streifen zur Schleife legen und den nächsten Streifen hindurchstecken. Die obere Hälfte der Orange abschneiden.

Tipp: Schneiden Sie den Boden der Orange flach, das verleiht dem Körbchen einen besseren Stand.

1

2

Melonenkörbchen (C) *(Foto Seite 22)*

Zubereitung

Die **Melone** von oben bis zur Mitte zweimal so einschneiden, dass in der Mitte ein ca. 1 cm breiter Streifen stehen bleibt. Mithilfe eines V-Garniermessers die Melone rundherum in der Mitte bis zu dem Streifen einschneiden. Die ausgeschnittenen Seiten abheben und die Kerne entfernen. Zum Schluss mit dem V-Garniermesser Zacken in den Henkel schneiden.

Tipp: Servieren Sie in dem Melonenkörbchen Früchte, Eis oder Kaltschalen.

Dekorieren mit Früchten

Melonenschiffchen (D) *(Foto Seite 22)*

Zubereitung

Eine **Melone** halbieren, entkernen und in 16 gleich große Spalten schneiden. Das Fruchtfleisch im Ganzen von der Schale lösen, in kleine Stücke schneiden und diese versetzt wieder auf der Schale anrichten. In die Zwischenräume einige frische **Beeren** setzen.

Tipp: Die Melonenschiffchen sind nicht nur auf einem Fruchtbuffet eine Augenweide, sondern eignen sich auch als perfekter Snack für zwischendurch.

1

2

3

Erdbeerfächer (E) *(Foto Seite 22)*

Zubereitung

Die **Erdbeere** mit der spitzen Seite nach oben auf eine Arbeitsfläche legen. Von beiden Seiten jeweils bis zur Mitte hin die Beere fächerartig in Scheiben ein-, aber nicht durchschneiden – dabei das Messer leicht zur Mitte versetzt ansetzen, damit in der Mitte ein 2 mm breiter Steg stehen bleibt. Nun die Erdbeere von jeder Seite waagerecht ein-, aber nicht durchschneiden; jetzt ist etwa ein Viertel der Erdbeere abgetrennt und die einzelnen Segmente werden zu einem Fächer verschoben.

Tipp: Wasser ist Gift für ihr Aroma. Darum sollten Sie die Erdbeeren auf keinen Fall lange im Wasser liegen lassen oder mit einem scharfen Wasserstrahl abbrausen. Gesäubert werden müssen sie natürlich trotzdem: Am besten legen Sie die Erdbeeren vorsichtig in ein Sieb und tauchen sie mehrmals kurz in kaltes Wasser. Die gewaschenen Beeren gut abtropfen lassen und mit Küchenpapier trocken tupfen. Und: Putzen Sie Erdbeeren niemals vor dem Waschen! Das Wasser kann sonst in die Frucht eindringen und verwässert den Geschmack.

Dekorieren mit Früchten

Mango-Igel (F) *(Foto Seite 22)*

Zubereitung

Mango in großen Stücken seitlich vom Stein schneiden. Mit einem kleinen, spitzen Messer das Fruchtfleisch erst längs und dann quer einschneiden – dabei unbedingt darauf achten, dass die Schale nicht verletzt wird. Die Mango nach außen umstülpen; mit einem Löffel oder Messer können nun die Fruchtwürfel von der Schale gelöst werden.

Tipp: Eine reife Mango erkennen Sie leider nicht an der Farbe, denn die ist sortenabhängig. Gute Hinweise auf den Reifegrad sind hingegen leichtes Nachgeben auf Druck, angenehmer Duft und die ersten dunklen Flecken auf der Schale. Und wer wirklich reife Mangos probieren möchte, sollte ausschließlich auf Flugmangos zurückgreifen. Wenn Sie aber doch einmal eine unreife Mango erwischt haben, beschleunigen Sie den Reifeprozess, indem Sie sie über Nacht in Zeitungspapier wickeln und an einem warmen Ort aufbewahren.

Feigenblüte

Zubereitung

Feige so achteln, dass sie am Blütenansatz noch zusammenhält. Dann die Spalten auseinanderdrücken und das Fruchtfleisch von der Schale lösen.

Tipp: Die Schale der Feige können Sie mitessen.

Apfelfächer

Zubereitung

Aus einem **Apfel** kleine, längliche Ecken schneiden. Entlang der geraden Seiten eine zweite und dritte jeweils 2 mm dicke Ecke herausschneiden und die Ecken ineinander verschieben – so entstehen kleine Apfelfächer, mit denen Sie Fruchtsalate, Platten und Teller dekorieren können.

Tipp: Beträufeln Sie die Apfelecken mit etwas Zitronensaft, damit sie nicht braun werden.

1

2

3

Kräuterkranz

Zubereitung

Aus Blumendraht einen Ring in der gewünschten Größe formen. Verschiedene **Kräuter** zu kleinen Sträußen zusammenfügen, nebeneinander auf den Ring legen und mit Garn fest umwickeln, bis der Kranz ausgefüllt und üppig ist.

Tipp: Der Kräuterkranz ist eine stilvolle Dekoration für Ihre Festtafel oder Ihr Buffet. Bewahren Sie ihn bis zur Verwendung in kaltem Wasser auf, sonst welkt die grüne Pracht schnell dahin.

1

2

Tapas, Snacks und Sushi

Große Show für kleine Häppchen

Fein, vielfältig und verlockend – kleine Häppchen sind längst ganz groß. Sie kitzeln den Gaumen und erlauben es Koch und Gästen, viele reizvolle Zutaten auszuprobieren, ohne sich nach den Konventionen eines klassischen Drei-Gänge-Szenarios richten zu müssen. Doch aufgepasst: Mit frittierten Mozzarella-Sticks, Chickenwings oder Kartoffelecken mit Sauerrahm lässt sich heute kein Gast mehr abspeisen. Ihre Gäste wollen das Besondere – auch und gerade im Miniformat. Die handwerkliche Optik in hoher Präzision und die harmonische Farb- und Formgebung der kleinen Kreationen sind dabei ebenso wichtig wie ihr Geschmack. Es geht darum, mit verschiedenen Aromen und Texturen zu experimentieren, die eigene Kreativität wach zu halten und ungewöhnliche Ideen attraktiv umzusetzen.

Sie finden in diesem Kapitel meine Lieblingsrezepte. Gerichte, die innovativ und machbar sind und – ganz wichtig – den Wow-Faktor haben. Ich hoffe, Sie genießen die Zubereitung so sehr wie ich das Kreieren. Ob Sie einzelne Gerichte als Vorspeise wählen oder mehrere zu einem Menü kombinieren: Ihre Gäste werden begeistert sein!

Mini-Ofenkartoffeln mit Kaviar

Kartoffeln
Kaviar
Daikon-Kresse

Mini-Ofenkartoffeln mit Kaviar

Zubereitungszeit: 40 Min.

Zutaten für 20 Stück

20 kleine junge Kartoffeln
etwas Meersalz
150 g Crème fraîche

100 g Deutscher Kaviar
etwas Daikon-Kresse

Zubereitung

Die **Kartoffeln** gründlich waschen, in Salzwasser kochen und auskühlen lassen. Mit einem Messer kreuzweise einschneiden.*

Anrichten

Drücken Sie jede Kartoffel etwas auseinander und geben je 1 TL **Crème fraîche** darauf. Kartoffeln mit **Kaviar**** und **Daikon-Kresse** garnieren.

Tipps

* Sie mögen Kartoffeln lieber knuspriger? Dann beträufeln Sie sie mit etwas Olivenöl und backen sie im heißen Ofen bei 190 Grad auf der mittleren Schiene 30 Minuten.

** Echter Kaviar vom Stör gilt als das teuerste Lebensmittel der Welt. Doch es gibt sowohl optische als auch geschmackliche Alternativen wie Ketalachs-, Forellen- oder Deutschen Kaviar, für die Sie nicht so tief ins Portemonnaie greifen müssen. Das Korn des Lachskaviars ist größer und druckempfindlicher als das des

Störkaviars und bildet mit seiner orangerosa bis roten Farbe einen besonderen Blickfang. Forellenkaviar ist kleiner, milder und etwas fester als Lachskaviar und bernsteingelb bis orangerot. Der preiswerteste Kaviarersatz, der sogenannte Deutsche Kaviar, ist zum Zeitpunkt des Fangs grobkörnig, blassrosa und fest. Mithilfe von würzenden Zusatzstoffen, Verdickungsmitteln und roten oder schwarzen Farbstoffen wird er zu einer Kopie des Wildkaviars. Der Kaviarersatz ist aromatisch, mild und hat eine leicht fischige Note.

Gebackene Toast-Muffins mit Ei und Speck

Toastbrot
Senf
Eier
Speck
Thymian

Gebackene Toast-Muffins mit Ei und Speck

Zubereitungszeit: 10 Min. + 30 Min. Backzeit

Zutaten für 4 Stück

3 Zweige Thymian
4 EL Olivenöl
4 Scheiben Toastbrot
2 EL Senf
4 Scheiben Speck
4 Eier (Größe M)

Zubereitung

Den Backofen auf 160 Grad vorheizen.

Thymian waschen, trocken schütteln und die Blättchen von den Stielen zupfen. Vier Mulden eines Muffinblechs mit dem **Olivenöl** bepinseln. Die **Toastscheiben** mit einem Nudelholz dünn ausrollen. Jede Scheibe in eine gefettete Mulde drücken, mit etwas **Senf** bestreichen, mit je 1 Scheibe **Speck** auslegen und mit Thymianblättchen bestreuen. In jeden Toast-Muffin ein **Ei*** aufschlagen.

Die Muffins im heißen Ofen 25–30 Minuten backen, bis die Eier gestockt sind.

Anrichten

Präsentieren Sie die Muffins ganz pur auf einer Platte.**

Tipps

* Frische Eier können Sie ganz leicht mithilfe der Schwimmprobe erkennen: Legen Sie ein rohes Ei in kaltes Wasser – ein frisches Ei bleibt unten am Boden, je älter das Ei, desto weiter steigt es auf.

** Dieses Blitzrezept können Sie wunderbar mit Käse und Schinken abwandeln.

1
2
3
4

Dicke Bohnen
Himbeeren
Walnüsse
Bohnenkraut

Dicke Bohnen in Gelee mit Walnuss-Vinaigrette

Dicke Bohnen in Gelee mit Walnuss-Vinaigrette

Zubereitungszeit: 90 Min. + 4 Std. Kühlzeit + 20–40 Min. Gefrierzeiten

Zutaten für 15–20 Stücke

Für die Dicken Bohnen in Gelee

2 Zweige Bohnenkraut
2 kg Dicke Bohnen
10 Blatt Gelatine
1 l Gemüsebrühe
etwas Salz
etwas Pfeffer

Für die Walnuss-Vinaigrette

60 g Himbeeren
20 ml Rotweinessig
40 ml Weißweinessig
16 g Zucker
2 g Salz
1 TL Senf
50 ml Geflügelbrühe
80 ml Olivenöl
30 ml Walnussöl

30 g Walnusskerne
einige Himbeeren
etwas schwarzer Pfeffer (aus der Mühle)

Zubereitung

Bohnenkraut waschen und trocken schütteln. Die **Dicken Bohnen** palen, also von der Schote befreien, und mit dem **Bohnenkraut** in kochendem Wasser ca. 5–8 Minuten garen, abschrecken, häuten und abtropfen lassen.*

Gelatine in kaltem Wasser einweichen. Die **Gemüsebrühe** erhitzen, salzen und pfeffern. Gelatine ausdrücken und in der warmen Brühe auflösen.**

Eine flache Form (20 x 10 cm) mit Frischhaltefolie auslegen, die Bohnenkerne hineinlegen, etwas Brühe zugießen und im Gefrierschrank ca. 5–10 Minuten fest werden lassen. Die übrige Brühe ebenso in 2–3 weiteren Schichten einfüllen und gefrieren lassen, bis die Form gefüllt ist.***

Das Bohnengelee 4 Stunden kühl stellen und gelieren lassen.

Inzwischen die **Himbeeren** verlesen, pürieren und mit **Essig**, **Zucker**, **Salz**, **Senf** und **Geflügelbrühe** verrühren. Die **Öle** nacheinander in dünnem Strahl zugießen und die Vinaigrette dabei kräftig aufschlagen.****

Tipps

* Bohnen werden übrigens ohne Salz gekocht, da sie sonst hart bleiben. Fügen Sie dem Kochwasser aber ein wenig Natron hinzu: Die Hülsenfrüchte werden schneller weich und bekommen eine kräftigere Farbe.

** Um Klümpchen zu vermeiden, passieren Sie die Brühe durch ein Sieb.

*** Füllen Sie nicht die ganze Brühe auf einmal in die Form – die Bohnen schwimmen sonst oben.

**** Fügen Sie zum Schluss einige frische Himbeeren hinzu. Dann wird die Soße noch fruchtiger.

***** Bevor Sie das Gelee schneiden, tauchen Sie am besten das Messer in heißes Wasser. Oder verwenden Sie ein elektrisches Messer, damit geht es noch einfacher.

1

2

3

Anrichten

Lösen Sie das Dicke-Bohnen-Gelee vorsichtig aus der Form und schneiden es in ca. 2 cm große Würfel.***** Platzieren Sie einige Würfel auf einem Teller und ziehen mit einem Löffel Vinaigrette um sie herum. Grob gehackte **Walnüsse** und **Himbeeren** daneben anrichten und **schwarzen Pfeffer** darübermahlen – guten Appetit!

Avocadotatar im Kartoffelzylinder mit Melonenperlen

Kartoffeln
Avocados
Limette
Schalotte
Chili

Avocadotatar im Kartoffelzylinder mit Melonenperlen

Zubereitungszeit: 1 Std.

Zutaten für 6–8 Stück

1 l Erdnussöl (zum Frittieren)
2 große Kartoffeln
Salz
Öl (zum Fetten)
2 reife Avocados
Saft von **1** Limette
1 Schalotte
1 Chilischote
2 EL Olivenöl
Pfeffer

40 g Melonenperlen
(ca. 100 g Melonenfruchtfleisch, z. B. Galia oder Cantaloupe)

Zubereitung

Das **Erdnussöl** in einem hohen Topf auf 160 Grad erhitzen.

Die **Kartoffeln** schälen und in feine, lange Streifen schneiden.*

Einen Metallring (Ø ca. 3–4 cm) mit Backpapier umwickeln und mit **Öl** fetten. Die Kartoffelspaghetti möglichst eng um den Ring wickeln, sodass keine Lücken entstehen. Kartoffelzylinder im heißen Öl goldbraun frittieren und anschließend sofort vom Metallring abziehen, erkalten lassen und salzen.

Die **Avocados**** schälen, halbieren, den Kern entfernen und das Fruchtfleisch in feine Würfel schneiden, mit dem **Limettensaft** beträufeln, damit die Würfel nicht braun werden. Die **Schalotte** schälen und fein würfeln. Die **Chilischote** halbieren, Kerne und Trennwände herauslösen, Chili in feine Streifen schneiden. Avocadowürfel mit Schalotte, Chili und **Olivenöl** mischen, salzen und pfeffern.

Anrichten

Füllen Sie das Avocadotatar in die Kartoffelzylinder*** und belegen es mit einigen **Melonenperlen**.**** Ein besonderes Highlight: Krönen Sie das Ganze mit einem kleineren Zylinder.

Tipps

* Verwenden Sie für dieses Rezept vorwiegend festkochende Kartoffeln. Die langen Kartoffelspaghetti gelingen am besten mit einem Spiralschneider.

** Zum Öffnen einer Avocado wird die Frucht der Länge nach mit einem Messer bis zum Kern eingeschnitten und gedreht. Je nach Verwendung einer Avocado schäle oder halbiere ich sie zuerst. Wenn ich kleine Würfel machen möchte, schäle ich zuerst und halbiere und entkerne erst dann. Will ich das Fruchtfleisch pürieren, kann ich die Avocado auch halbieren, entkernen und löffle dann das Fruchtfleisch aus der Schale. Reife Früchte erkennt man daran, dass die Schale auf Fingerdruck leicht nachgibt. Sie reifen jedoch bei Zimmertemperatur problemlos nach. Dann ist das Fruchtfleisch schön zart, cremig und entfaltet sein einzigartig nussiges Aroma. Gängige Sorten sind Fuerte und Hass, die man gut an ihrer fast schwarzen Schale erkennt.

*** Befüllen Sie die Kartoffelzylinder erst kurz vor dem Servieren. Anderenfalls weichen sie auf und büßen ihre Knusprigkeit ein.

**** Die Melonenperlen werden mit einem kleinen Kugelausstecher aus dem Fruchtfleisch geschnitten.

Frischkäse-Spinat-Rolle

Spinat
Schalotten
Eier
Frischkäse
Zitrone
Lachskaviar

Frischkäse-Spinat-Rolle

Zubereitungszeit: 25 Min. + 15 Min. Backzeit + 75 Min. Kühlzeiten

Zutaten für 10–12 Scheiben

500 g Spinat
etwas Salz
3 Schalotten
3 EL Olivenöl
etwas Pfeffer
geriebene Muskatnuss
5 Eier (Größe M)
250 g Frischkäse
Saft und abgeriebene Schale von **1** Zitrone
100 g Lachskaviar

Zubereitung

Den Backofen auf 190 Grad vorheizen.

Spinat gründlich waschen, in kochendem Salzwasser blanchieren, abschrecken und gut abtropfen lassen.*

Die **Schalotten** schälen, würfeln und im **Olivenöl** andünsten. Spinat zu den Schalotten geben und 2 Minuten mitdünsten.** Mit **Salz**, **Pfeffer** und **Muskat** würzen.

Spinat-Schalotten-Mischung mit den **Eiern** in einem Mixer fein pürieren. Ein Backblech mit Backpapier belegen, die Spinatmasse 1 cm dick darauf verteilen und im heißen Ofen auf der mittleren Schiene 13–15 Minuten backen. Auf ein Gitter gestürzt ca. 15 Minuten auskühlen lassen.

Frischkäse, **Zitronensaft** und **-schale** glatt rühren und 1 cm dick auf den **Spinat** streichen. Den **Lachskaviar** darauf verteilen und das Ganze einrollen. In Frischhaltefolie gewickelt 1 Stunde kühl stellen.

Anrichten

Schneiden Sie die Rolle in 1 cm dicke Scheiben und fächern Sie diese auf Tellern oder Platten auf.

Tipps

* Vor der Verarbeitung muss man frischen Spinat gründlich waschen, denn er ist oft sandig. Waschen Sie den Spinat in stehendem, kaltem Wasser im Spülbecken: Spinat kurze Zeit darin liegen lassen, bis sich der Sand gesetzt hat. Spinat aus dem Wasser heben und den Vorgang mit frischem Wasser wiederholen.

** Spinat enthält Nitrat, das sich während des Lagerns und Aufwärmens sowie im Körper in Nitrit umwandelt. Das kann ab einer bestimmten Menge Nitrit gefährlich werden – jedoch nur, wenn der Spinat längere Zeit bei ca. 40 Grad warm gehalten wird. Ein Erhitzen auf 70 Grad schränkt die Bildung von Nitrit ein. Deshalb: Bringen Sie Spinat schnell zum Kochen – am besten in einem großen Topf, damit die Hitze zügig übertragen werden kann. Danach direkt in Eiswasser abschrecken.

1

2

3

4

5

6

Hähnchenroulade mit Wildspargel

Hähnchenbrüste
Wildspargel
Petersilie
Frühlingszwiebeln

1

2

3

4

5

6

Hähnchenroulade mit Wildspargel

Zubereitungszeit: 25 Min. + 35 Min. Backzeit + 20 Min. Gefrierzeit

Zutaten für 12 Portionen

Für die Hähnchenroulade

4 Hähnchenbrüste (ohne Haut)
100 g Wildspargel
etwas Salz
etwas Pfeffer
1 Bund Frühlingszwiebeln
etwas Olivenöl

Für die Farce

200 g Hähnchenfleisch
2 Bund Petersilie
170 g Sahne
etwas Salz
etwas Pfeffer

einige Basilikumblätter
12 Kartoffelchips

Zubereitung

Die **Hähnchenbrüste** mit einem Plattiereisen flach klopfen und kühl stellen.*

Inzwischen für die Farce das **Hähnchenfleisch** in Würfel schneiden und 20 Minuten einfrieren. Die **Petersilie** waschen, trocken schütteln, Blätter von den Stielen zupfen. Fleisch, Petersilie und **Sahne** im Küchenmixer zu einer Farce verarbeiten. Mit **Salz** und **Pfeffer** würzen.**

Den Backofen auf 150 Grad vorheizen.

Den **Wildspargel** blanchieren und in Eiswasser abschrecken. Die Hähnchenbrüste auf einem 20 cm langen Stück Frischhaltefolie auslegen, salzen und pfeffern. Die Farce gleichmäßig daraufstreichen und mit dem Spargel belegen. Das Fleisch zu einer Roulade formen und in Alufolie wickeln.*** Die Roulade im heißen Ofen auf der mittleren Schiene 35 Minuten garen. Danach aus der Folie lösen und in Scheiben schneiden.

Inzwischen die **Frühlingszwiebeln** putzen, waschen, in Stücke geschnitten in **Olivenöl** anbraten.

Anrichten

Richten Sie die Rouladenscheiben**** auf den Frühlingszwiebeln an und garnieren sie mit **Basilikum** und **Kartoffelchips.*******

Tipps

* Legen Sie das Fleisch zwischen Frischhaltefolie, so werden die Fleischfasern beim Klopfen nicht zerstört.

** Sie können die Farce nach Belieben auch mit anderen Kräutern verfeinern. Oder verzichten Sie komplett darauf und geben stattdessen ein paar Tropfen Rote-Bete-Saft dazu. So bekommt die Hähnchenroulade einen wunderbar roten Kern.

*** Galantine wird diese Art der Zubereitung im Fachjargon genannt. Hierbei wird entbeintes Fleisch mit einer Farce gefüllt.

**** Die Roulade können Sie warm oder kalt servieren.

***** Frittieren Sie dafür dünn geschnittene Kartoffelscheiben in 160 Grad heißem Fett.

Sushireis
Lachs
Thunfisch
Lachskaviar

Reisbällchen mit Thunfisch und Lachs

Reisbällchen mit Thunfisch und Lachs

Zubereitungszeit: 1 Std.

Zutaten für 20–25 Stück

200 g Sushireis
5 EL Reisessig
2 gestrichene EL Zucker
½ TL Salz
100 g Lachsfilet (Sushi-Qualität)
100 g Thunfischfilet (Sushi-Qualität)

30 g Lachskaviar

Zubereitung

Den **Sushireis** in ein Sieb schütten, in eine große Schüssel mit kaltem Wasser tauchen und waschen. Das milchige Wasser abschütten.*

Reis in 220 ml Wasser bei mittlerer Hitze im geschlossenen Topf zum Kochen bringen. Den Reis 5 Minuten bei starker Hitze kochen, dann die Hitze reduzieren und den Reis weitere 10 Minuten bei kleiner Hitze kochen lassen. Dabei den Deckel nicht abnehmen.** Reis vom Herd nehmen, zwischen Topf und Deckel ein Küchentuch spannen und den Reis so 10 Minuten ausdämpfen lassen.

Den **Essig** mit dem **Zucker** erwärmen, aber nicht kochen.

Den Deckel vom Topf nehmen und den Reis in eine Holzschüssel füllen. Die Essigmischung in dünnem Strahl über dem Reis verteilen und vorsichtig einarbeiten. Mit dem Spatel schnell um den Reis fächeln, um ihn auf Zimmertemperatur herunterzukühlen.***

Frischhaltefolie in 10 x 10 cm große Stücke schneiden. **Lachs** und **Thunfisch** in dünne, ca. 2 cm große Quadrate schneiden. Mit den Händen kleine Kugeln aus dem Reis formen und jeweils mit einem Stück Fisch belegen. Die Kugeln in die Frischhaltefolie wickeln und das Folienende fest zudrehen. Bis zum Servieren in der Folie aufbewahren.****

Tipps

* Das Waschen des Reises im Vorfeld ist wichtig. Verzichten Sie darauf, wird er sehr klebrig und lässt sich schwerer verarbeiten. Waschen Sie den Reis so lange, bis das Wasser klar bleibt. Meistens brauchen Sie 4–5 Durchgänge, anschließend den Reis abtropfen lassen.

** Während des Kochvorgangs darf der Deckel nicht vom Topf genommen werden. Achten Sie auf die Kochgeräusche, um zu beurteilen, wann das Wasser kocht. Noch leichter geht das Kochen mit einem Reiskocher.

*** Der Reis muss schnell auskühlen, um ein weiteres Garen zu vermeiden. Dafür können Sie ihn auf einem Blech verteilen. Durch das Fächeln bekommt der Reis einen schönen Glanz.

**** Der Reis kann bis zu 2 Tage im Voraus gekocht werden, sollte aber bis zur Weiterverarbeitung kühl aufbewahrt werden.

1

2

3

4

Anrichten

Wickeln Sie die Reisbällchen aus der Folie und garnieren sie mit **Lachskaviar**.

Soßen und Dips

Ganz einfach hip

Wir Europäer tun es mit besonderer Vorliebe und in Asien gibt es nicht einen Snack ohne – Dips sind die heimlichen Stars, die viele Gerichte und Snacks erst vervollkommnen. Denn die cremigen, fruchtigen oder würzigen Soßen machen aus Fleisch und Fisch wahre Genießerträume und verleihen knackigen Gemüsesticks und frischem Brot die besondere Note.

Ob Melonensalsa, Süßkartoffel-Mango-Creme oder Rouille – lassen Sie sich überraschen, wie vielfältig der Dip-Spaß sein kann, und zaubern Sie mit nur wenigen Handgriffen unwiderstehliche Köstlichkeiten für den perfekten Partygenuss. Ich wünsche Ihnen viel Vergnügen beim Stippen, Tauchen und Tunken!

Tipp: Servieren Sie unbedingt Dips, die mit dem Essen harmonieren, und am besten verschiedene Varianten – beispielsweise einen scharfen, einen süßen und einen milden Dip. So haben Sie für jeden Geschmack das Richtige im Angebot.

A
B
C
D
E

Dips für jede Gelegenheit

Melonen
Süßkartoffeln
Knoblauch
Mayonnaise
Gewürzgurken
Safran

Melonensalsa (A) *(Foto Seite 66)*

Zubereitungszeit: 20 Min.

Zutaten für 6–8 Portionen

2 Cantaloupe-Melonen
2 Chilischoten
1 rote Paprikaschote
1 Knoblauchzehe

Zubereitung

Die **Melonen** halbieren, entkernen und schälen. **Chilischoten** und **Paprikaschote** waschen, putzen, entkernen und getrennt voneinander fein würfeln. **Knoblauchzehe** schälen und ebenfalls fein würfeln.

Drei Viertel einer Melone mit Chili und Knoblauch pürieren. Übrige Melone fein würfeln und mit der gehackten Paprika unter das Püree rühren.

Diese sommerliche Melonensalsa passt wunderbar zu Gerichten mit Fisch, Meeresfrüchten und Geflügel.*

Tipp

* Servieren Sie die Salsa in einer ausgehöhlten Melone.

Süßkartoffel-Mango-Creme (B) *(Foto Seite 66)*

Zubereitungszeit: 1 Std.

Zutaten für 6–8 Portionen

200 g Süßkartoffeln
etwas Salz
100 g reife Mango
150 g Crème fraîche
20–40 ml Milch
etwas Pfeffer

Zubereitung

Süßkartoffeln in kochendem Salzwasser garen, abgießen, pellen und auskühlen lassen.*

Die **Mango** schälen und das Fruchtfleisch vom Stein schneiden.**

Süßkartoffeln und Mango in grobe Würfel schneiden. Beides mit **Crème fraîche** pürieren. Anschließend so viel **Milch** unterrühren, dass die gewünschte cremige Konsistenz entsteht. Mit **Salz** und **Pfeffer** würzen.

Dieser fruchtige Dip ist ein Universalgenie – er adelt jedes Gericht. Probieren Sie ihn unbedingt zu gegrilltem Fleisch oder gedünstetem Fisch. Lecker!

Tipps

* Am einfachsten lassen sich Kartoffeln noch warm pellen.

** Eine Mango lässt sich im sehr reifen Zustand am besten schälen und schneiden. Entfernen Sie zunächst mit einem Gemüseschäler die Schale. Stellen Sie die Mango auf und setzen das Messer etwa einen Zentimeter seitlich von der Mitte an – so schneiden Sie an beiden Seiten direkt am Stein entlang und erhalten zwei große Mangostücke. Um das übrige Fruchtfleisch vom Stein zu lösen, schneiden Sie rundum am Stein entlang.

Aïoli (ohne Ei) (C) (Foto Seite 66)

Zubereitungszeit: 10 Min.

Zutaten für 6–8 Portionen

3 Knoblauchzehen
150 ml Milch (3,5 % Fett)
300–400 ml Sonnenblumenöl
Saft von **½** Zitrone
etwas Salz

Zubereitung

Knoblauchzehen schälen, durch eine Presse drücken und zur **Milch** geben.*

Knoblauchmilch mit einem Pürierstab aufmixen, dann das **Öl** langsam in dünnem Strahl zugießen, bis eine feste Creme entsteht.** Mit **Zitronensaft** und **Salz** abschmecken.

Diese Aïoli ist schneeweiß und ein wahrer Dip-Klassiker auf jeder Party.

Tipps

* Holen Sie die Milch ca. 1 Stunde vor der Zubereitung aus dem Kühlschrank, damit sie Zimmertemperatur hat.

** Je mehr Öl Sie hinzufügen, desto fester wird die Aïoli.

Rouille (D) *(Foto Seite 66)*

Zubereitungszeit: 15 Min.

Zutaten für 6–8 Portionen

1 Knoblauchzehe
100 g Mayonnaise
150 g saure Sahne
Saft von ½ Zitrone
10 ml Pastis (z. B. Pernod)
1 Msp. Safranpulver
1 TL edelsüßes Paprikapulver
1 TL Cayennepfeffer
15 g Senf
etwas Salz

Zubereitung

Die **Knoblauchzehe** schälen und fein hacken. Mit **Mayonnaise**, **saurer Sahne**, **Zitronensaft**, **Pastis** sowie **Safran**, **Paprikapulver**, **Cayennepfeffer** und **Senf** mischen, mit **Salz** würzen.*

Die Rouille ist ein klassischer Begleiter von Fischgerichten.

Tipp

* Sie können die Zutaten auch mit frischen Chilischoten zubereiten, lassen Sie dann aber den Cayennepfeffer weg.

Gemüseremoulade (E)

Zubereitungszeit: 25 Min.

Zutaten für 6–8 Portionen

100 g Möhre
100 g Knollensellerie
etwas Salz
80 g Gewürzgurken (Glas)
150 g Mayonnaise
100 g saure Sahne
etwas Pfeffer
1 EL Gewürzgurkensud

Zubereitung

Möhre und **Knollensellerie** putzen, schälen, fein würfeln, in kochendem Salzwasser blanchieren, abschrecken und abtropfen lassen. **Gewürzgurken** in kleine Würfel schneiden. **Mayonnaise** und **saure Sahne** mischen, die Gemüsestückchen dazugeben und alles vermengen. Mit **Salz**, **Pfeffer** und **Gurkensud** abschmecken.

Die Gemüseremoulade schmeckt hervorragend zu dunklen Fleischsorten und gebratenem Fisch.

Serviert

Aha-Effekt inklusive

Gläser sind nur zum Trinken da? Wie langweilig! Jetzt schlägt die große Stunde der Leckereien aus dem Glas: Würzige Cappuccinos leuchten in bauchigen Gefäßen, farbenfrohe Suppen werden in Cocktailgläsern, Mousses in Whiskey- oder rustikalen Weckgläsern serviert. Denn im gläsernen Gewand lassen sich kontrastreiche Farben, ungewöhnliche Formen, aber auch unterschiedliche Konsistenzen viel schöner in Szene setzen als auf dem Teller oder in einer Porzellanschale.

Auf den folgenden Seiten zeige ich Ihnen, wie Sie leckerem Essen in Gläsern einen starken Auftritt verschaffen und Schicht für Schicht ein

im Glas

Feuerwerk der Aromen und Texturen zünden. Freuen Sie sich schon jetzt auf Ihre überraschten und beeindruckten Gäste!

Tipp: Dieser kulinarische Trend kommt übrigens aus Frankreich und nennt sich „Verrine“, was übersetzt „Gläschen“ heißt. Die Form der Gläser richtet sich dabei zunächst nach dem Gericht: Champagnersorbet verlangt nach edlen Gläsern. Für Gazpacho oder Paprikamousse mit Thunfischtempura darf es ein wenig rustikaler sein. Beim Sektempfang sind formschöne Kelche und Schalen angesagt, für die Gartenparty eignen sich einfache Becher. Generell gilt jedoch: Das Gefäß darf nicht zu lang und oben nicht zu schmal sein, sonst sind die unteren Schichten unerreichbar. Auf Farben und erst recht Ornamente im Glas sollte eher verzichtet werden – sie lenken vom Inhalt ab.

Tomaten
Parmesan
Kartoffeln
Sellerie
Spinat
Muskat

Dreierlei Cappuccino

Spinat-Cappuccino mit Muskatschaum *(Foto Seite 74)*

Zubereitungszeit: 30 Min.

Zutaten für 6–8 Gläser

Für den Spinat-Cappuccino

300 g TK-Spinat
1 Schalotte
30 g Butter
600 ml Brühe
(z. B. Geflügel- oder Gemüsebrühe)
5 EL Parmesan (gerieben)
etwas Salz
etwas Pfeffer
etwas Muskatnuss
(gerieben)

Für den Muskatschaum

150 ml Milch
100 ml Brühe
etwas Salz
etwas Muskatnuss
(gerieben)

Zubereitung

Den **Spinat** auftauen lassen und die Flüssigkeit ausdrücken. **Schalotte** schälen und fein würfeln. Die **Butter** in einem Topf schmelzen und die Schalotte darin glasig dünsten. Spinat, **Brühe** und **Parmesan** zugeben und alles 10 Minuten kochen lassen.

Die Suppe fein pürieren, durch ein Sieb passieren, mit **Salz**, **Pfeffer** und **Muskat*** würzen.

Für den Muskatschaum die **Milch** mit der **Brühe** aufkochen, mit **Salz** und **Muskat** würzen und anschließend mit einem Milchaufschäumer oder einem Schneebesen schaumig aufschlagen.

Anrichten

Füllen Sie die Spinatsuppe in Gläser** und krönen jeden Cappuccino mit Muskatschaum.

Tipps

* Verwenden Sie geriebene Muskatnuss nur in geringen Mengen, denn ab 5 g hat dieses Gewürz eine toxische Wirkung.

** Ich verwende Gläser mit einem Fassungsvermögen von etwa 120 ml.

1

2

3

Tomaten-Cappuccino mit Parmesanschaum *(Foto Seite 74)*

Zubereitungszeit: 30 Min.

Zutaten für 6–8 Gläser

Für den Tomaten-Cappuccino

500 g Tomaten
1 Schalotte
1 Knoblauchzehe
1 EL Olivenöl
2 EL Tomatenmark
350 ml Brühe
1 EL Gin
etwas Salz
etwas Pfeffer
etwas Zucker

Für den Parmesanschaum

250 ml Milch
80 g Parmesan (gerieben)

einige essbare Blüten (z. B. Gänseblümchen)

Zubereitung

Die **Tomaten** waschen, vierteln und den Stielansatz entfernen.* **Schalotte** und **Knoblauchzehe** schälen und fein würfeln. Das **Olivenöl** in einem Topf erhitzen, **Schalotten-** und **Knoblauchwürfel** darin glasig dünsten. Die **Tomatenviertel** dazugeben und bei starker Hitze 5 Minuten anbraten, bis die gesamte Flüssigkeit eingekocht ist.

Das **Tomatenmark** hinzufügen und mitrösten.**

Die **Brühe***** zugießen und 10 Minuten bei mittlerer Hitze kochen lassen. Die Suppe fein pürieren, durch ein Sieb in einen Topf passieren und kurz aufkochen. Mit **Gin**, **Salz**, **Pfeffer** und **Zucker** abschmecken.

Für den Parmesanschaum die **Milch** mit dem **Parmesan** aufkochen und mit einem Milchaufschäumer oder einem Schneebesen schaumig aufschlagen.****

Tipps

* Im Sommer verwende ich natürlich frische Tomaten, aber in den Wintermonaten sind geschälte Dosentomaten eine gute Alternative.

** Rösten Sie das Tomatenmark an, bis es eine dunkle Färbung annimmt, denn erst dann entwickelt es die nötige Süßkraft für die Suppe.

*** Für Suppen verwende ich gern Kalbs- oder Geflügelbrühe, da sie etwas kräftiger im Geschmack ist. Aber natürlich können Sie auch Gemüsebrühe nehmen.

Anrichten

Füllen Sie die Suppe in Gläser, verteilen Sie etwas Parmesanschaum darauf und dekorieren die Cappuccinos mit **essbaren Blüten**.

**** Man muss schon ein wenig dafür tun, einen feinporigen und beständigen Schaum hinzubekommen. Schnell und einfach geht das mit einem Milchaufschäumer. Wenn Sie sich nicht extra ein Gerät zulegen möchten, dann schäumen Sie die Milch auf, indem Sie einen Schneebesen in Form einer Acht schnell im Topf hin- und herbewegen. Das ist allerdings recht mühsam und braucht auch etwas Übung.

Kartoffel-Cappuccino mit Sellerieschaum *(Foto Seite 74)*

(Foto Seite 74)

Zubereitungszeit: 40 Min.

Zutaten für 6–8 Gläser

Für den Kartoffel-Cappuccino

300 g Kartoffeln
3 Schalotten
1 Stück Lauch (ca. 4 cm)
20 g Butter
750 ml Brühe (z. B. Geflügel- oder Gemüsebrühe)
50 ml Sahne
etwas Salz
etwas Pfeffer
Muskatnuss (gerieben)

Für den Sellerieschaum

150 ml Milch
100 ml Selleriefond
etwas Salz

Zubereitung

Die **Kartoffeln** schälen, waschen und in Würfel schneiden. **Schalotten** schälen und fein würfeln. **Lauch** putzen, waschen und in Ringe schneiden. Die **Butter** in einem Topf schmelzen, Schalotten und Lauch darin andünsten. Kartoffelwürfel dazugeben, die **Brühe** zugießen und alles ca. 20 Minuten bei mittlerer Hitze kochen lassen, bis die Kartoffeln gar sind.*

Die **Sahne** hinzugießen und die Suppe fein pürieren. Mit **Salz**, **Pfeffer** und **Muskat** abschmecken.

Für den Sellerieschaum die **Milch** mit dem **Selleriefond**** aufkochen, salzen und mit einem Milchaufschäumer oder einem Schneebesen schaumig aufschlagen.

Tipps

* Eine dickere Konsistenz der Suppe erreichen Sie durch längeres Einkochen. Manchmal ist es notwendig, die Suppe zusätzlich durch ein Sieb zu passieren.

** Für den Selleriefond setzen Sie 250 g Knollensellerie mit 1 geschälten und zerkleinerten Zwiebel, ½ TL weiße Pfefferkörner und ¼ Lorbeerblatt in 450 ml Wasser an und lassen alles 30 Minuten bei mittlerer Hitze kochen. Zum Schluss fügen Sie noch einen Stiel Selleriegrün hinzu. Passieren Sie den Fond vor der Verwendung durch ein Sieb.

Anrichten

Füllen Sie die Suppe in Gläser und verzieren Sie sie mit einer Milchhaube.***

*** Bestäuben Sie den Milchschaum mit getrocknetem Pilzpulver, z. B. von Steinpilzen – das sorgt nicht nur für den typischen Cappuccino-Charakter, sondern verleiht zusätzlichen Geschmack.

Garnelen im Poulardenflügel mit Zitronencreme

Garnelen
Poulardenflügel
Rapsöl
Zitrone
Kokos-Chips
Zuckererbsen

Garnelen im Poulardenflügel mit Zitronencreme

Zubereitungszeit: 35 Min.

Zutaten für 8 Stück

Für die Garnelen im Poulardenflügel

8 mittelgroße rohe Garnelen (küchenfertig, mit Schale)
etwas Salz
etwas Pfeffer
8 Poulardenflügel
etwas Rapsöl (zum Braten)

Für die Zitronencreme

100 g saure Sahne
100 g Crème fraîche
Saft von **1** Zitrone
20 g Kokos-Chips
etwas Salz
50 g Zuckererbsen

einige Zuckerschoten

Zubereitung

Garnelen waschen, den Schwanzteil vom Kopfteil abdrehen. Garnelenschwanz bis auf das letzte Segment schälen. Garnelen entdarmen, anschließend salzen und pfeffern.

Den Backofen auf 190 Grad vorheizen.

Die **Poulardenflügel*** bis zum zweiten Gelenk entbeinen, mit einem Rundschnitt die Haut vom Gelenk lösen und mit zwei Fingern über den Knochen stülpen – die Haut zeigt jetzt nach außen. Die Hauttasche am unteren Ende vom Knochen abschneiden und wieder umstülpen. Nun die Flügel mit den Garnelen füllen.

Rapsöl in einer ofenfesten Pfanne erhitzen und die gefüllten Poulardenflügel von jeder Seite 1 Minute scharf anbraten. Salzen, auf Holzspieße stecken und ca. 8 Minuten im heißen Ofen fertig garen.

Für die Zitronencreme alle Zutaten miteinander mischen.**

Tipps

* Alternativ können Sie auch Enten- oder Gänseflügel verwenden.

** Kokos-Chips schmecken noch aromatischer, wenn man sie in einer beschichteten Pfanne ohne Fett anröstet, bis sie goldbraun sind und angenehm duften.

Anrichten

Verteilen Sie die Creme auf die Gläser und stellen die aufgespießten **Garnelen** senkrecht hinein. Garnieren Sie die Gläser mit blanchierten **Zuckerschoten.**

1
2
3
4
5
6

Jakobsmuschel mit geliertem Pfirsich

Pfirsiche
Zitrone
Jakobsmuscheln
Thymian
blaue Kartoffelchips

Jakobsmuschel mit geliertem Pfirsich

Zubereitungszeit: 30 Min. + 4 Std. Kühlzeit

Zutaten für 4 Gläser

600 g Pfirsiche (entsteint)
4 Blatt Gelatine
Saft von ½ Zitrone
5 EL Olivenöl
etwas Meersalz
etwas Pfeffer
4 Zweige Thymian
8 Jakobsmuscheln

8 blaue Kartoffelchips
einige Zweige Thymian

Zubereitung

Den Backofen auf 180 Grad vorheizen.

500 g halbierte **Pfirsiche** auf einem mit Backpapier belegten Blech im heißen Ofen 10 Minuten backen, anschließend häuten und fein pürieren.

Inzwischen die **Gelatine** in kaltem Wasser einweichen. Den **Zitronensaft** leicht erwärmen und die ausgedrückte Gelatine darin auflösen. Gelatine unter das Püree rühren und in Gläser gefüllt 4 Stunden kühl stellen.

Die restlichen Pfirsiche in kleine Würfel schneiden und mit 2 EL **Olivenöl** marinieren, mit **Meersalz** und **Pfeffer** würzen.

Thymianzweige waschen und trocken schütteln. In einer heißen Pfanne 3 EL **Olivenöl** erhitzen* und die **Jakobsmuscheln** mit dem Thymian von jeder Seite 3 Minuten goldbraun anbraten, salzen und pfeffern.

Tipps

* Küchenprofis erhitzen erst die Pfanne und geben dann das Öl hinein. Sobald das Öl beim Kippen der Pfanne feine Schlieren zieht, können Sie losbrutzeln – dann ist die richtige Brattemperatur erreicht. Anderenfalls fangen die Jakobsmuscheln schnell an zu kochen und es kann keine knusprige Kruste entstehen.

** Schneiden Sie blaue Kartoffeln (z. B. Vitelotte) mit einem Gemüsehobel in dünne Scheiben. Frittieren Sie die Scheiben einzeln 1–2 Minuten in 160 Grad heißem Erdnussöl. Auf die gleiche Art können Sie auch Kürbis- oder Rote-Bete-Chips herstellen.

1

2

Anrichten

Nehmen Sie die Jakobsmuscheln aus der Pfanne und lassen sie 3 Minuten ruhen. Verteilen Sie die Pfirsichwürfel auf den Gelees und platzieren Sie die Muscheln darauf. Das Highlight: **blaue Kartoffelchips**** und **Thymian** als Dekoration.

Erbsen
Limette
Shiitakepilze
Schnittlauch
Kresse
Bonbonsegel

Erbsen-Panna-cotta mit Shiitakepilzen

Erbsen-Panna-cotta mit Shiitakepilzen

Zubereitungszeit: 30 Min. + 5 Std. Kühlzeit

Zutaten für 4 Gläser

300 g TK-Erbsen
400 ml Milch
200 g Sahne
4 ½ Blatt Gelatine
etwas Salz
etwas Pfeffer
etwas Zucker
100 g Crème fraîche
Saft von ½ Limette
3 Tropfen Sesamöl
150 g Shiitakepilze
2 EL Rapsöl
2 EL Schnittlauchröllchen

etwas Kresse
einige Schnittlauchröllchen
4 Herz-Bonbonsegel
(siehe Seite 15 in „schöner kochen – Desserts" oder www.bjvv.de/freierezepte.aspx)

Zubereitung

Erbsen* mit **Milch** und **Sahne** aufkochen, fein pürieren und durch ein Sieb passieren. Die **Gelatine** in kaltem Wasser einweichen, ausdrücken und in der Erbsenmilch auflösen, mit **Salz**, **Pfeffer** und **Zucker** würzen. Die Panna cotta in Gläser (à 125 ml Inhalt) füllen und im Kühlschrank 5 Stunden fest werden lassen.

Crème fraîche, **Limettensaft** und **Sesamöl** verrühren.**

Die **Shiitakepilze** putzen und in Stücke schneiden. Das **Rapsöl** in einer Pfanne erhitzen, die Pilze darin kräftig anbraten. Salzen, pfeffern und mit **Schnittlauchröllchen** bestreuen.***

Anrichten

Überziehen – im Fachjargon spricht man von Nappieren – Sie die Panna cotta mit der Limetten-Crème-fraîche und setzen jeweils 1 EL Pilze darauf. Garnieren Sie die Erbsen-Panna-cotta mit **Kresse**, **Schnittlauchröllchen** und **Bonbonsegeln**.

Tipps

* Tiefkühlerbsen verwende ich immer dann, wenn Erbsen püriert werden sollen. Sie sind preisgünstiger als frische Ware und es gibt sie das ganze Jahr.

** Sesamöl hat ein sehr intensives Aroma. Dosieren Sie es deshalb am besten nur tröpfchenweise.

*** Mahlen Sie Pfeffer immer frisch in der Mühle, wenn Sie ihn brauchen – bereits gemahlener Pfeffer büßt sehr schnell sein Aroma ein.

1

2

3

Thunfisch-Gurken-Tatar mit Parmesancrackern

Thunfischfilet
Sesamsaat
Gurke
Zitrone
Rucola
Limette

Thunfisch-Gurken-Tatar mit Parmesancrackern

Zubereitungszeit: 25 Min.

Zutaten für 4 Portionen

300 g Thunfischfilet
(Sushi-Qualität)
6 EL Olivenöl
1 TL Sesamsaat
etwas Salz
200 g Gurke
Saft und abgeriebene Schale von **1** Zitrone
etwas Pfeffer
100 g Parmesan

50 g kleine Rucolablätter
einige Limettenspalten

Zubereitung

Das **Thunfischfilet** in kleine Würfel schneiden und in 3 EL **Olivenöl** marinieren. **Sesamsaat** hinzufügen und salzen.*

Den Backofen auf 190 Grad vorheizen.

Die **Gurke** schälen, halbieren , entkernen und fein würfeln. Gurkenwürfel mit 3 EL **Olivenöl**, **Zitronensaft** und **-schale** mischen, salzen und pfeffern.

Den **Parmesan** grob reiben und auf einem mit Backpapier belegten Blech zu kleinen Kreisen ausstreuen.** Im heißen Ofen auf der mittleren Schiene 8 Minuten knusprig backen.

Anrichten

Schichten Sie Gurken und Thunfischtatar im Wechsel mit Parmesancrackern in Gläser. Legen Sie jeweils auf die oberste Schicht ein paar **Rucolablätter** und eine **Limettenspalte**.

Tipps

* Für ein intensiveres Aroma können Sie den Sesam vor der Verwendung in einer beschichteten Pfanne ohne Fett anrösten.

** Auch andere Hartkäsesorten wie Grana Padano eignen sich hervorragend.

1

2

3

4

5

6

Paprikamousse mit Thunfischtempura

Sahne
Paprika
Thunfisch
Erdnussöl

Paprikamousse mit Thunfischtempura

Zubereitungszeit: 55 Min. + 1 Std. Gefrierzeit + 4 Std. Kühlzeit

Zutaten für 4 Portionen

Für die Paprikamousse

300 g rote Paprikaschoten
etwas Salz
etwas Zucker
etwas Cayennepfeffer
8 Blatt Gelatine
500 ml Sahne
300 g gelbe Paprikaschoten

Für den Tempurateig

1 l Erdnussöl (zum Frittieren)
1 Ei (Größe M)
130 g Mehl
2 EL Currypulver
50 g Speisestärke
etwas Salz
etwas Zucker
250 g Thunfischfilet (Sushi-Qualität)

einige Lauchstreifen
einige rosa Pfefferbeeren (angedrückt)

Zubereitung

Rote Paprikaschoten putzen, entkernen, waschen und 12 Minuten in kochendem Salzwasser garen.* Anschließend fein pürieren und durch ein Sieb passieren. Püree kräftig mit **Salz**, **Zucker**** und **Cayennepfeffer** würzen. 4 Blatt **Gelatine** in kaltem Wasser einweichen, ausdrücken und in dem roten Püree auflösen, anschließend etwas abkühlen lassen. 250 ml **Sahne** steif schlagen und unter das Püree heben.

Die rote Mousse in Gläser verteilen und 1 Stunde im Gefrierschrank fest werden lassen.*** Inzwischen wie oben beschrieben die gelbe Paprikamousse zubereiten. Gläser aus dem Gefrierschrank nehmen, gelbe Mousse einfüllen und 4 Stunden im Kühlschrank fest werden lassen.

Erdnussöl in einem hohen Topf auf 160 Grad erhitzen.**** Für den Tempurateig **Ei**, **Mehl**, **Currypulver** und **Speisestärke** mit 250–300 ml eiskaltem Wasser verrühren, salzen und zuckern. Das **Thunfischfilet** im Teig wenden und im heißen Öl 2–3 Minuten ausbacken.*****

Tipps

* Sie können die Paprikaschoten auch im 180 Grad heißen Ofen 15 Minuten backen, bis die Haut schwarze Blasen wirft. Vor dem Pürieren die Paprika abgedeckt kurz ruhen lassen und anschließend häuten.

** Paprika ist ein sogenanntes Süßgemüse und wird stets mit einer Prise Zucker gewürzt.

*** Sie möchten eine diagonale Schicht wie auf dem Bild in das Glas zaubern? Dafür stellen Sie die Gläser schräg in eine mit Zucker gefüllte Auflaufform und lassen die erste Mousseschicht im Gefrierschrank fest werden.

**** Am besten lässt sich die richtige Temperatur mit einem Fettthermometer ermitteln.

***** Der Thunfisch sollte innen noch rosa sein.

1

2

Anrichten

Schneiden Sie das Thunfischfilet in Stücke und platzieren diese auf der Mousse. Ein paar **Lauchstreifen** und **Pfefferbeeren** runden diese kleine Köstlichkeit optisch perfekt ab.

Stäbchen und

Spießgesellen für Gourmets

Lange bevor die Menschen Töpfe und Pfannen zum Kochen benutzten, bereiteten sie ihre Mahlzeiten am Spieß über dem offenen Feuer zu – eine Methode, die bis heute nichts von ihrer Faszination verloren hat. Denn zur Leichtigkeit, mit der jeder Bissen abgestreift und jedes Stückchen einzeln ausgekostet werden kann, gesellen sich viel Grillspaß und ein wenig Lagerfeuerromantik. Kein Wunder also, dass in den Küchen der ganzen Welt immer noch vieles aufgespießt wird – denken Sie nur an das brasilianische Rodizio, die spanischen Pinchos oder den deutschen Spießbraten.

Spieße

Die Spießchen und Stäbchen auf den folgenden Seiten präsentieren sich als kleine kulinarische Kunstwerke und sind eine bunte Mischung aus den unterschiedlichsten Zutaten – aromatisch mit Gemüse, herzhaft mit Fleisch und edel mit Fisch. Wow-Effekte inklusive!

Tipp: Zeigen Sie auch bei der Auswahl der Spieße Geschmack! Natürlich können Sie Metall-, Holz- oder Bambusspieße verwenden, aber Rosmarin-, Salbei- und Lorbeerzweige oder Zitronengrasstangen machen den Stäbchenspaß um ein Vielfaches interessanter.

Wolfsbarsch mit Orangenfilets im Gemüsesud

Zucchini
Fenchel
Orange
Paprika
Weißwein
Safran
Wolfsbarsch

Wolfsbarsch mit Orangenfilets im Gemüsesud

Zubereitungszeit: 35 Min.

Zutaten für 4 Stück

½ gelbe Paprikaschote
½ rote Paprikaschote
½ Zucchini
1 Knoblauchzehe
1 Schalotte
½ Fenchelknolle
1 Orange
3 EL Olivenöl
50 ml trockener Weißwein
300 ml Fischfond
3 Safranfäden
etwas Salz
etwas Pfeffer
4 Wolfsbarschfilets (à ca. 100–120 g)
4 Holzspieße

einige Kerbelblättchen

Zubereitung

Paprika und **Zucchini** putzen, waschen und in ca. 5 mm große Würfel schneiden. **Knoblauchzehe** und **Schalotte** schälen. Knoblauch in dünne Scheiben und Schalotte in feine Würfel schneiden. Den **Fenchel** waschen, halbieren und der Länge nach auf der Aufschnittmaschine oder mit einem Gemüsehobel in dünne Scheiben schneiden. Von der **Orange** die Schale so abschälen, dass die weiße Haut vollständig entfernt wird. Das Fruchtfleisch zwischen den Trennhäuten herausschneiden.

Das **Olivenöl** in einer beschichteten Pfanne erhitzen, Schalotte, Knoblauch und Gemüse 2 Minuten darin andünsten. Mit **Weißwein** ablöschen. **Fischfond** und **Safran** zugeben. Den Gemüsesud kurz aufkochen und mit **Salz** und **Pfeffer** würzen.

Tipps

* Frischen Fisch erkennen Sie daran, dass er glänzt und seine Schuppen fest anliegen. Wenn Sie die Kiemen etwas auseinanderziehen, müssen sie hellrot sein. Um die Frische von Filets zu beurteilen, drücken Sie mit dem Finger die Haut ein – bei frischer Ware fühlt sich das Fleisch fest an und nimmt nach kurzer Zeit wieder seine ursprüngliche Form an.

** Unter Pochieren versteht der Profi das Garen in einer Flüssigkeit unter dem Siedepunkt. Nach dem Aufkochen der Flüssigkeit wird die Hitze auf eine kleine Stufe reduziert. Sobald die Flüssigkeit nicht mehr kocht, kann der Fisch darin pochieren bzw. gar ziehen.

1

2

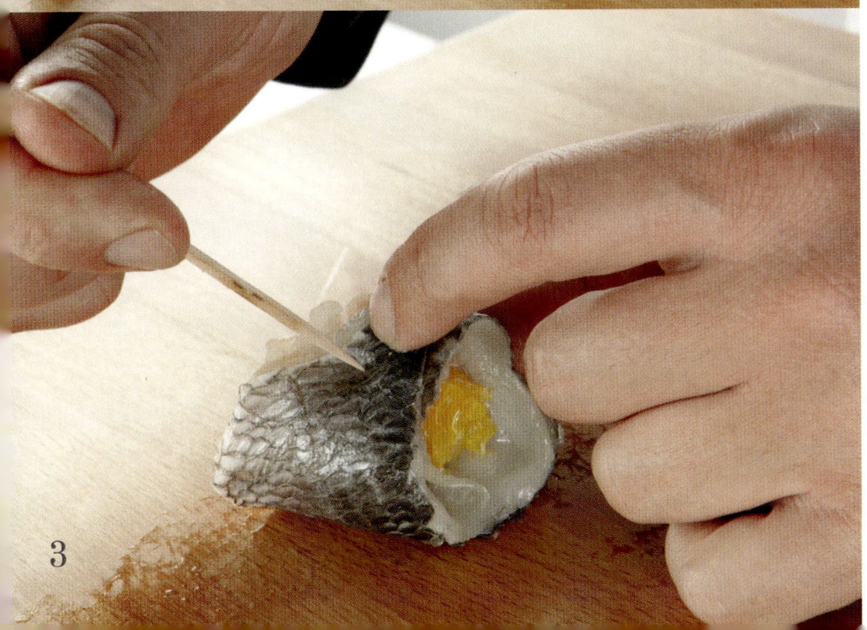
3

Die **Fischfilets** waschen, trocken tupfen, salzen und pfeffern. 1–2 Orangenfilets auf jedes Fischfilet legen, vom Schwanzende her aufrollen und mit einem Holzspieß feststecken.* Fischspieße 5 Minuten im heißen Gemüsesud pochieren.**

Anrichten

Servieren Sie die Wolfsbarschfilets in Schälchen mit Gemüsesud und garnieren sie mit **Kerbelblättchen**.

Hausgemachte Fischstäbchen mit Tomatenchutney

Kräuter
Zanderfilet
Tomaten
Schalotten
Chilischote
Rosmarin
Zitrone

1
2
3
4

Hausgemachte Fischstäbchen mit Tomatenchutney

Zubereitungszeit: 30 Min.

Zutaten für 8 Stück

Für die Fischstäbchen

150 g Weißbrot (trocken, ohne Rinde)
600 g Kabeljau (ohne Haut)
etwas Salz
etwas Pfeffer
etwas Mehl (zum Wenden)
1 Ei (Größe M)
etwas Rapsöl (zum Braten)
8 Holzspieße

Für das Tomatenchutney

300 g große Tomaten
2 Schalotten
1 Chilischote
1 Zweig Rosmarin
2 EL Olivenöl
Saft und abgeriebene Schale von ½ Zitrone
etwas Salz
etwas Pfeffer
etwas Zucker

etwas Zitronensalz (zum Bestreuen)

Zubereitung

Das **Weißbrot** im Küchenmixer zu feinem Paniermehl mixen. Den **Fisch** waschen, trocken tupfen und in 7 x 2 cm große Stücke schneiden, salzen und pfeffern. Erst in **Mehl**, dann in verquirltem **Ei** und abschließend im Paniermehl wenden. **Rapsöl** in einer beschichteten Pfanne erhitzen, die Fischstücke auf Holzspieße stecken und im heißen Öl braten.*

Für das Chutney die **Tomaten** auf der Unterseite kreuzweise einschneiden und den Stielansatz entfernen. Tomaten blanchieren, abschrecken und häuten. Die Tomaten vierteln, Kerne in ein Sieb geben und den Saft auffangen. Das Tomatenfruchtfleisch grob würfeln. **Schalotten** schälen und fein würfeln. **Chili** putzen, waschen und in Streifen schneiden. **Rosmarin** waschen, trocken schütteln. Vorbereitete Zutaten im heißen **Olivenöl** 2 Minuten andünsten, Tomatensaft, **Zitronensaft** und **-schale** zugeben, mit **Salz**, **Pfeffer** und **Zucker** abschmecken.

Anrichten

Verteilen Sie das Tomatenchutney auf Schälchen, legen 1–2 Fischstäbchen** dazu und bestreuen das Ganze mit etwas **Zitronensalz**.***

Tipps

* Legen Sie die Holzspieße für eine Stunde in kaltes Wasser, dann brennen sie beim Braten nicht an.

** Leckere Kräuterfischstäbchen bereiten Sie zu, indem Sie 50 g Kräuter – Kerbel, Dill, Thymian, Petersilie und Estragon – mit dem Weißbrot in der Küchenmaschine mixen.

*** Zitronensalz schmeckt hervorragend zu Fisch. Aber auch Geflügel, Lamm und orientalische Gemüsegerichte lassen sich damit gut würzen. Die Herstellung ist einfach: Trocknen Sie Zitronenschale 1 Stunde im 80 Grad heißen Ofen und mischen sie dann im Verhältnis von 1:10 mit Salz. Lagern Sie das Salz kühl und trocken in einem fest verschließbaren Glas.

Rinderfilet
Seeteufel
Rosmarin
Zitrone
Pfefferbeeren

Surf and Turf auf Rosmarinspießen

Surf and Turf auf Rosmarinspießen

Zubereitungszeit: 30 Min. + 1 Std. Marinierzeit

Zutaten für 10–15 Stück

200 g Rinderfilet
250 g Seeteufelfilet
1 Knoblauchzehe
10–15 Zweige Rosmarin
Saft und abgeriebene Schale von **1** Zitrone
4 EL Olivenöl
etwas Salz
etwas Olivenöl (zum Braten)

einige rosa Pfefferbeeren (angedrückt)

Zubereitung

Das **Rinderfilet** in 2 cm große Würfel, den **Seeteufel** in 5 mm dicke Scheiben schneiden.* **Knoblauchzehe** schälen und fein hacken. Die **Rosmarinzweige** waschen, trocken schütteln und auf ca. 6 cm kürzen. Von der unteren Hälfte der Zweige die Nadeln abstreifen und fein hacken.**

Gehackte Rosmarinnadeln mit **Zitronensaft**, **-schale**, Knoblauch und **Olivenöl** zu einer Marinade verrühren. Seeteufelscheiben 1 Stunde darin marinieren.

Jeweils 1 Fisch- und 1 Fleischstück auf das Ende der Rosmarinspieße stecken und salzen. **Olivenöl** in einer heißen beschichteten Pfanne erhitzen und die Spieße von beiden Seiten 2–3 Minuten scharf anbraten.

Anrichten

Richten Sie die Spieße auf Tellern an und servieren Sie sie mit **Pfefferbeeren** bestreut.

Tipps

* Seeteufel ist ein weißer, festfleischiger Fisch. Er zerfällt nicht beim Braten und ist deshalb perfekt zum Grillen geeignet. Kaufen Sie nur Frischware – gefrorener Seeteufel ist nach dem Auftauen und Braten zäh und hart.

** Ältere Rosmarinpflanzen haben etwas holzigere Zweige, die sich besonders gut als Spieße eignen. Die kahlen Enden können Sie mit einem Messer anspitzen, dann geht das Aufspießen von Fisch und Fleisch wesentlich leichter.

Garnelenstäbchen mit Kaviar

Garnelen
Zitronenolivenöl
Deutscher Kaviar

Garnelenstäbchen mit Kaviar

Zubereitungszeit: 25 Min.

Zutaten für 4 Stück

4 rohe Garnelen (mit Schale)
5 EL Zitronenolivenöl (z. B. bei www.bosfood.de)
etwas Salz
etwas Pfeffer
8 Essstäbchen (aus Holz)
4 TL Deutscher Kaviar

einige essbare Blüten (z. B. Stiefmütterchen)

Zubereitung

Die **Garnelen** waschen, aus der Schale lösen*, den Rücken einschneiden und den schwarzen Darm entfernen.**

Das **Zitronenolivenöl** in einer Pfanne erhitzen, die Garnelen salzen und pfeffern und bei mittlerer Hitze von jeder Seite 3 Minuten braten.

Anrichten

Nach dem Braten spießen Sie jede Garnele auf 2 Stäbchen und füllen den Rücken mit je 1 TL **Kaviar**. Richten Sie die Garnelenstäbchen auf einer Platte oder einem großen Teller an und dekorieren Sie die Zwischenräume mit **essbaren Blüten**.

Tipps

* Lösen Sie die Schale nur bis zum letzten Segment ab, denn gerade das Schwanzende ist äußerst dekorativ.

** Garnelen werden auch als Shrimps, Crevetten oder Eismeergarnelen bezeichnet. Sie kommen in nahezu allen größeren Meeren vor. Für den Geschmack und die Konsistenz sind die Wassertiefe des Lebensraums und die Wassertemperatur von großer Bedeutung: Je kälter das Wasser, desto feiner ist das Fleisch der

1

2

3

Garnelen. Die Eismeergarnelen aus den norwegischen Fjorden, den Küsten Islands, Grönlands und Alaskas gehören daher geschmacklich zu den besten. Auf jeder Packung finden Sie übrigens 2 Zahlen, die sich immer auf ein englisches Pfund (ca. 454 g) beziehen und auf die Größe der Garnelen hinweisen. So bedeutet 16/20, dass mindestens 16 und höchstens 20 Tiere pro Pfund enthalten sind. Je kleiner die Zahlen, desto größer die Garnelen: 8/12 sind beispielsweise die beliebten Riesengarnelen.

Gewellte Schweinespieße mit Bohnen und Waldbeeren

Schweinerücken
Stangenbohnen
Himbeeren
Heidelbeeren
Johannisbeeren
Balsamico

Gewellte Schweinespieße mit Bohnen und Waldbeeren

Zubereitungszeit: 40 Min. + 1 Std. Wartezeit

Zutaten für 10 Stück

10 Holzspieße
400 g Schweinerücken
etwas Salz
etwas Pfeffer
5 EL Rapsöl
250 g Stangenbohnen
50 g Himbeeren
50 g Heidelbeeren
50 g Rote Johannisbeeren
3–4 EL Balsamico-Essig
1 TL Zucker
6 EL Olivenöl

einige Majoranblättchen

Zubereitung

Holzspieße 1 Stunde wässern.

Mit einem Messer den **Schweinerücken*** erst in dünne Scheiben, diese dann der Länge nach in 1,5–2 cm breite Streifen schneiden.**

Fleischstreifen salzen, pfeffern und wellenförmig auf Holzspieße stecken.***

Das **Rapsöl** in einer Pfanne erhitzen und die Spieße von jeder Seite 2 Minuten kräftig braten. Inzwischen die **Stangenbohnen** putzen, waschen und in kochendem Salzwasser blanchieren, in ein Sieb abgießen und in Eiswasser abschrecken.

Die **Beeren** waschen bzw. verlesen und die Johannisbeeren von den Rispen streifen.

Essig, **Zucker**, **Salz** und **Pfeffer** verrühren, das **Olivenöl** in dünnem Strahl hineinlaufen lassen und das Dressing dabei kräftig aufschlagen.****

Tipps

* Entfernen Sie die weiße Fettschicht vom Schweinerücken, damit sich das Fleisch beim Braten nicht zusammenzieht.

** Frieren Sie das Fleisch 15 Minuten ein, dann lässt es sich leichter in dünne Scheiben schneiden.

*** Je länger der Spieß ist, desto mehr Wellen können Sie aus dem Fleisch formen.

**** Verrühren Sie zuerst die Gewürze mit dem Essig und gießen anschließend das Öl hinzu. Auf diese Weise können sich Salz, Pfeffer und andere Gewürze besser auflösen.

***** Diese Spieße können Sie warm oder kalt genießen.

Anrichten

Schneiden Sie die Bohnen in schräge Stücke und mischen sie mit dem Dressing. Die Bohnen mit den Beeren auf einer Platte verteilen und mit dem Dressing nappieren. Die Wellenspieße kreuz und quer darauflegen und mit **Majoranblättchen** bestreut servieren.*****

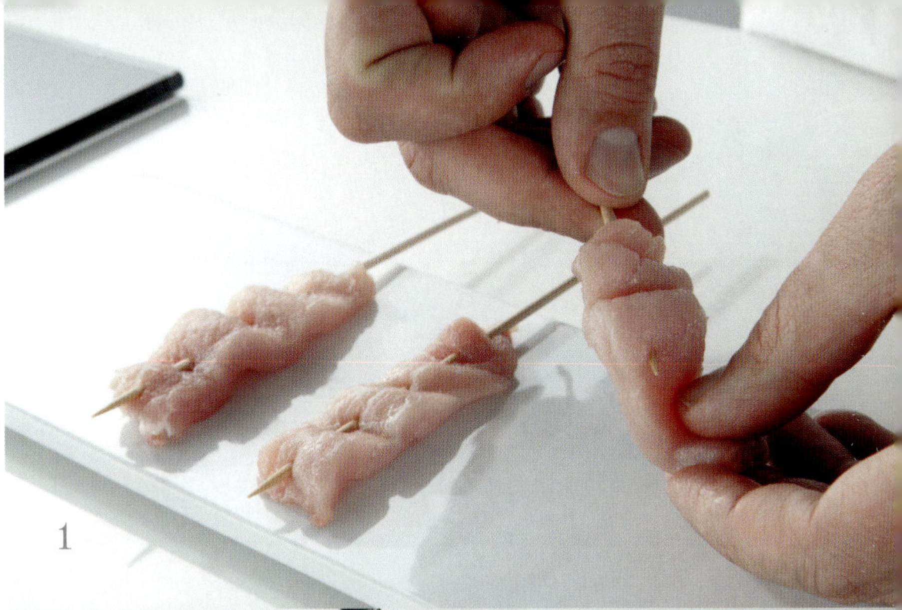

1

2

3

Hähnchen-Zitronengras-Spieße mit Spargel und Granatapfel

Hähnchenbrust
Zitrone
Zitronengras
grüner Spargel
Granatapfel

Hähnchen-Zitronengras-Spieße mit Spargel und Granatapfel

Zubereitungszeit: 45 Min. + 20 Min. Gefrierzeit + 3 Std. Marinierzeit

Zutaten für 8–10 Stück

Für die Zitronengrasspieße

350 g Hähnchenbrustfilet (ohne Haut)
Saft und abgeriebene Schale von **1** Zitrone
etwas Salz
etwas Pfeffer
8–10 Stangen Zitronengras
etwas Rapsöl (zum Braten)
500 g grüner Spargel

Für das Granatapfeldressing

6 EL Olivenöl
Saft von **1** Limette
1 TL Zucker
etwas Salz
etwas Pfeffer
½ Granatapfel
4 EL Schnittlauchröllchen

einige Kräuterblättchen

Zubereitung

Hähnchenbrust in 2 cm große Würfel schneiden und 20 Minuten einfrieren. Anschließend mit **Zitronensaft** und **-schale** im Küchenmixer grob pürieren, salzen und pfeffern.*

Vom **Zitronengras** jeweils die äußeren harten Blätter entfernen. Das Wurzelende so abschneiden, dass die Stangen noch zusammenhalten. Mit einem schweren Messerrücken die Stangen flacher klopfen.**

Die Hähnchenmasse mit angefeuchteten Händen um die Mitte der Zitronengrasstangen formen. **Rapsöl** in einer Grillpfanne erhitzen und die Zitronengrasspieße von jeder Seite 2 Minuten scharf anbraten, dann bei kleiner Hitze 5 Minuten weitergaren.***

Den **grünen Spargel** waschen, im unteren Drittel schälen und die holzigen Enden entfernen. Spargel in kochendem Salzwasser blanchieren, in Eiswasser abschrecken und abtropfen lassen.****

Für das Dressing **Olivenöl** mit **Limettensaft** verrühren und mit **Zucker**, **Salz** und **Pfeffer** würzen. Die **Granatapfelkerne** aus der Schale lösen, mit dem Spargel 3 Stunden im Dressing marinieren. Mit Salz, Pfeffer und Zucker abschmecken und die **Schnittlauchröllchen** zugeben.

Tipps

* Durch das Pürieren der Hähnchenbrüste vergrößert sich die Oberfläche um ein Vielfaches, Keime können sich dadurch viel schneller vermehren. Verarbeiten Sie die Masse deshalb direkt nach der Zubereitung.

** Zitronengras ist fester Bestandteil der asiatischen Küche. Der kräftige zitronenähnliche Geschmack passt wunderbar zu Fisch, Suppen und Currygerichten. Die Stangen sollten beim Kauf keinesfalls trocken sein und möglichst keine braunen Stellen aufweisen. Durch das Klopfen wird die holzige Struktur des Zitronengrases gebrochen und es kann sein Aroma besser entfalten.

*** Wenn Sie zum Braten eine Grillpfanne nehmen, benötigen Sie weniger Fett und die Spieße erhalten ein typisches Grillmuster.

**** Lassen Sie den Spargel nicht unnötig lange in Eiswasser liegen – die Geschmacksstoffe laugen sonst aus. Spargel ist wie Paprika ein Süßgemüse, würzen Sie deshalb das Wasser mit Salz und etwas Zucker.

***** Streuen Sie frische Kräuter immer zuletzt über ein Gericht, da sie schnell welken und braun werden.

Anrichten

Verteilen Sie den Spargel auf Tellern und nappieren ihn mit dem Dressing. Platzieren Sie Zitronengrasspieße auf den Spargelstangen und streuen gehackte **Kräuter** darüber.*****

Crêpes, Crostini und

Frankreich & Co. zum Anbeißen

Einst war allen Menschen klar, dass die Welt eine Scheibe ist. Das widerspricht zwar dem Panorama aus einem Weltraumshuttle und wurde auch wissenschaftlich widerlegt. Doch ob Crêpes, ofenfrische Crostini oder Mini-Rösti, ob als Snack für zwischendurch oder als Hauptattraktion bei einer Party: Überall auf der Erde lieben Menschen flache, köstlich belegte Teigfladen – was beweist, dass die Welt gern Scheiben isst. Und dabei sind diese kleinen Häppchen auch noch so praktisch: Sie können sie spielend leicht vorbereiten und witzig für verschiedene Anlässe kombinieren.

Rösti

Entdecken Sie die unglaubliche Vielfalt französischer Crêpes, italienischer Crostini und schweizerischer Rösti. Lassen Sie sich von den raffinierten Ideen in diesem Kapitel inspirieren und wickeln Sie Ihre Gäste mit ausgefallenen Kreationen und wunderbaren Geschmackserlebnissen um den Finger. Ich wünsche Ihnen gutes Gelingen!

Mini-Rösti

Rote Bete
Meerrettich
Quark
Schnittlauch
Zitrone
grüne Spargelköpfe
Blattspinat
Kabeljaufilet
Garnelen

A B C

Rote-Bete-Rösti (A) *(Foto Seite 131)*

(Foto Seite 131)

Zubereitungszeit: 20 Min.

Zutaten für ca. 20 Stück

160 g festkochende Kartoffeln (gekocht)
160 g Rote Bete (gekocht)
2 Eier (Größe M)
50 g Mehl
1 cm frischer Meerrettich
etwas Salz
etwas Pfeffer
etwas Muskatnuss (gerieben)
etwas Rapsöl (zum Braten)
100 g Sahne
1 TL Tafel-Meerrettich (Glas)

einige Rote-Bete-Julienne

Zubereitung

Kartoffeln pellen, **Rote Bete** schälen, beides grob reiben, mit **Eiern** und **Mehl** mischen.* Den **Meerrettich** schälen, fein reiben und hinzufügen. Mit **Salz**, **Pfeffer** und **Muskat** würzen.

Rapsöl in einer beschichteten Pfanne erhitzen. Die Rote-Bete-Masse mit einem Teelöffel in kleinen Portionen in die Pfanne setzen, von jeder Seite 2 Minuten braten.** Anschließend auf Küchenpapier das überschüssige Fett abtropfen und auskühlen lassen.

Die **Sahne** steif schlagen und mit dem **Tafel-Meerrettich** mischen.

Anrichten

Füllen Sie die Meerrettichsahne in einen Spritzbeutel mit großer Sterntülle und setzen Sie auf die Rote-Bete-Rösti jeweils eine Rosette. Garnieren Sie die Rösti abschließend mit **Rote-Bete-Julienne**.***

Tipps

* Beim Anschneiden von Roter Bete läuft viel Saft aus, der stark färbt. Am besten garen Sie die gewaschenen Knollen mit Schale und schälen das Gemüse anschließend. Sie können auch vakuumverpackte Rote Bete kaufen – die ist schon gegart und geschält.

** Die Mini-Rösti lassen sich wunderbar einen Tag im Voraus zubereiten.

*** Für die Julienne rohe Rote Bete schälen und auf der Aufschnittmaschine in 1–2 mm dicke Scheiben schneiden. Anschließend übereinanderlegen und mit einem scharfen Messer in ganz feine Julienne schneiden – Sie können natürlich auch einen Julienneschneider nehmen. Die Streifen in kaltes Wasser legen, dabei das Wasser so lange wechseln, bis es sich nicht mehr rot verfärbt. Die Rote-Bete-Julienne bis zum Gebrauch im Wasser liegen lassen. Mit Rote-Bete-Julienne verzieren Sie Salate, Vorspeisen und kleine Häppchen auf eine einfache, aber äußerst raffinierte und wirkungsvolle Art.

A

B

C

Kartoffel-Rösti mit Schnittlauchquark und grünem Spargel (B) *(Foto Seite 131)*

(Foto Seite 131)

Zubereitungszeit: 20 Min.

Zutaten für ca. 20 Stück

300 g festkochende Kartoffeln
1 Ei (Größe M)
etwas Salz
etwas Pfeffer
etwas Muskatnuss (gerieben)
etwas Rapsöl (zum Braten)
150 g Magerquark
20 g Sahne
4 EL Schnittlauchröllchen
Saft von ½ Zitrone
etwas Zucker
20 grüne Spargelköpfe

Zubereitung

Die **Kartoffeln** schälen, grob reiben und mit dem **Ei** mischen. Mit **Salz**, **Pfeffer** und **Muskat** würzen. **Rapsöl** in einer Pfanne erhitzen. Die Kartoffelmasse in kleinen Portionen in die Pfanne geben und von jeder Seite 3 Minuten bei mittlerer Hitze braten.* Auf Küchenpapier das überschüssige Fett abtropfen lassen.

Quark mit **Sahne**, **Schnittlauchröllchen** und **Zitronensaft** mischen. Mit **Salz**, **Pfeffer** und **Zucker** würzen und kühl stellen.

Einen Topf mit Wasser zum Kochen bringen, **Zucker** und **Salz** zugeben und die **Spargelköpfe** darin blanchieren, abschrecken und abtropfen lassen.**

Anrichten

Setzen Sie auf jede Kartoffel-Rösti einen Klecks Sahnequark. Halbieren Sie die Spargelköpfe und verzieren jede Rösti mit 2 Spargelhälften.

Tipps

* Verarbeiten Sie die Kartoffelmasse zügig, denn je länger Sie warten, desto wässriger wird sie, da sich durch das Reiben der Kartoffeln die Oberfläche vervielfacht und Flüssigkeit austritt.

** Grüner Spargel muss nicht unbedingt ganz geschält werden. Es reicht, das untere Drittel zu schälen und die holzigen Enden abzuschneiden. Außerdem hat er eine kürzere Garzeit und schmeckt aufgrund seines Chlorophyllgehalts würziger und herzhafter als weißer Spargel.

Spinat-Rösti mit Garnelen (C) *(Foto Seite 131)*

Zubereitungszeit: 20 Min.

Zutaten für ca. 20 Stück

150 g Blattspinat
75 g festkochende Kartoffel (gekocht)
2 Eier (Größe M)
100 g Kabeljaufilet
1 Knoblauchzehe
50 g Mehl
etwas Salz
etwas Pfeffer
abgeriebene Schale von **1** Zitrone
etwas Rapsöl (zum Braten)

50 g Crème fraîche
20 Garnelen (gekocht)

Zubereitung

Den **Spinat** gründlich waschen und in kochendem Salzwasser blanchieren, abschrecken, gut ausdrücken und grob hacken. **Kartoffel** pellen, grob reiben, mit Spinat und **Eiern** mischen. Das **Fischfilet** waschen, trocken tupfen und in kleine Würfel schneiden. **Knoblauchzehe** schälen und fein hacken. Fisch, Knoblauch und **Mehl** zur Spinatmasse geben und alles gut verrühren. Mit **Salz**, **Pfeffer** und **Zitronenschale** würzen.

Rapsöl in einer Pfanne erhitzen. Aus der Masse mit einem Esslöffel kleine Rösti formen und im heißen Öl von jeder Seite 2–3 Minuten braten.* Anschließend auf Küchenpapier das überschüssige Fett abtropfen lassen.

Anrichten

Geben Sie auf jede Rösti 1 Klacks **Crème fraîche** und darauf 1 **Garnele**, dann rutschen die Garnelen auf dem Weg zum Mund nicht von den Rösti.

Tipp

* Achten Sie beim Formen der Mini-Rösti darauf, dass jeweils 1–2 Fischstückchen enthalten sind.

Frischkäse
Granatapfelkerne
Kräuter
Räucherlachs
essbare Blüten

Lachs-Crêpe-Würfel

Lachs-Crêpe-Würfel

Zubereitungszeit: 55 Min. + 30 Min. Kühlzeit

Zutaten für ca. 25 Stück

60 g Mehl
250 ml Milch
6 Eier (Größe M)
2 EL Olivenöl
Olivenöl (zum Braten)
400 g Frischkäse
Saft und abgeriebene Schale von **1** Zitrone
½ Seite Räucherlachs (ca. 350 g, geschnitten)

einige Granatapfelkerne
etwas Schnittlauch
etwas Lachskaviar
etwas Kresse
einige Erdbeeren
einige Melonenkugeln
einige essbare Blüten (z. B. Schnittlauch)

Zubereitung

Für die Crêpes **Mehl**, **Milch**, **Eier** und **Olivenöl** zu einem flüssigen Teig verrühren* und 30 Minuten zugedeckt im Kühlschrank ruhen lassen.

Eine beschichtete Pfanne erhitzen, dünn mit **Olivenöl** bepinseln und eine Portion Crêpeteig einfüllen. Die Crêpe bei mittlerer Hitze 2 Minuten braten, wenden und 30 Sekunden weiterbraten.** Den restlichen Teig ebenso verarbeiten. Crêpes abkühlen lassen.***

Frischkäse mit **Zitronensaft** und **-schale** glatt verrühren. Eine Crêpe ganz mit **Räucherlachs** belegen, etwas Frischkäse dünn darauf verstreichen und die nächste Crêpe darauflegen. So fortfahren, bis alle Zutaten verbraucht sind und eine ca. 2,5 cm hohe Crêpetorte entstanden ist.****

Tipps

* Der Teig ist sehr flüssig, das Mehl setzt sich nach einiger Zeit am Schüsselboden ab. Rühren Sie die Masse deshalb immer vorsichtig auf – und möglichst ohne Bläschenbildung, denn die Bläschen verursachen beim Braten Löcher in den Crêpes.

** Braten Sie die Crêpes nur kurz auf der zweiten Seite an, sonst wird die Crêpe zu trocken und brüchig.

*** Sie können die Crêpes nach dem Braten übereinanderstapeln; sie lassen sich problemlos wieder voneinander lösen.

1

2

3

**** Die Crêpetorte können Sie bis zu 3 Tage im Voraus zubereiten. Am Tag Ihrer Party müssen Sie sie nur noch aufschneiden und anrichten.

Anrichten

Schneiden Sie die Crêpetorte mit einem elektrischen Messer in Würfel und ordnen Sie diese grafisch auf einer Platte an. Der krönende Abschluss: Garnieren Sie mit **Granatapfelkernen**, **Schnittlauch**, **Lachskaviar** und **Kresse**, **Erdbeeren**, **Melonenkugeln** oder **essbaren Blüten**. Lassen Sie Ihrer Fantasie einfach freien Lauf!

Crêpes als Beutel und von der Rolle

Frischkäse
Kochschinken
Rucola
Shiitakepilze
Schnittlauch
Sesamöl
Wildspargel

1

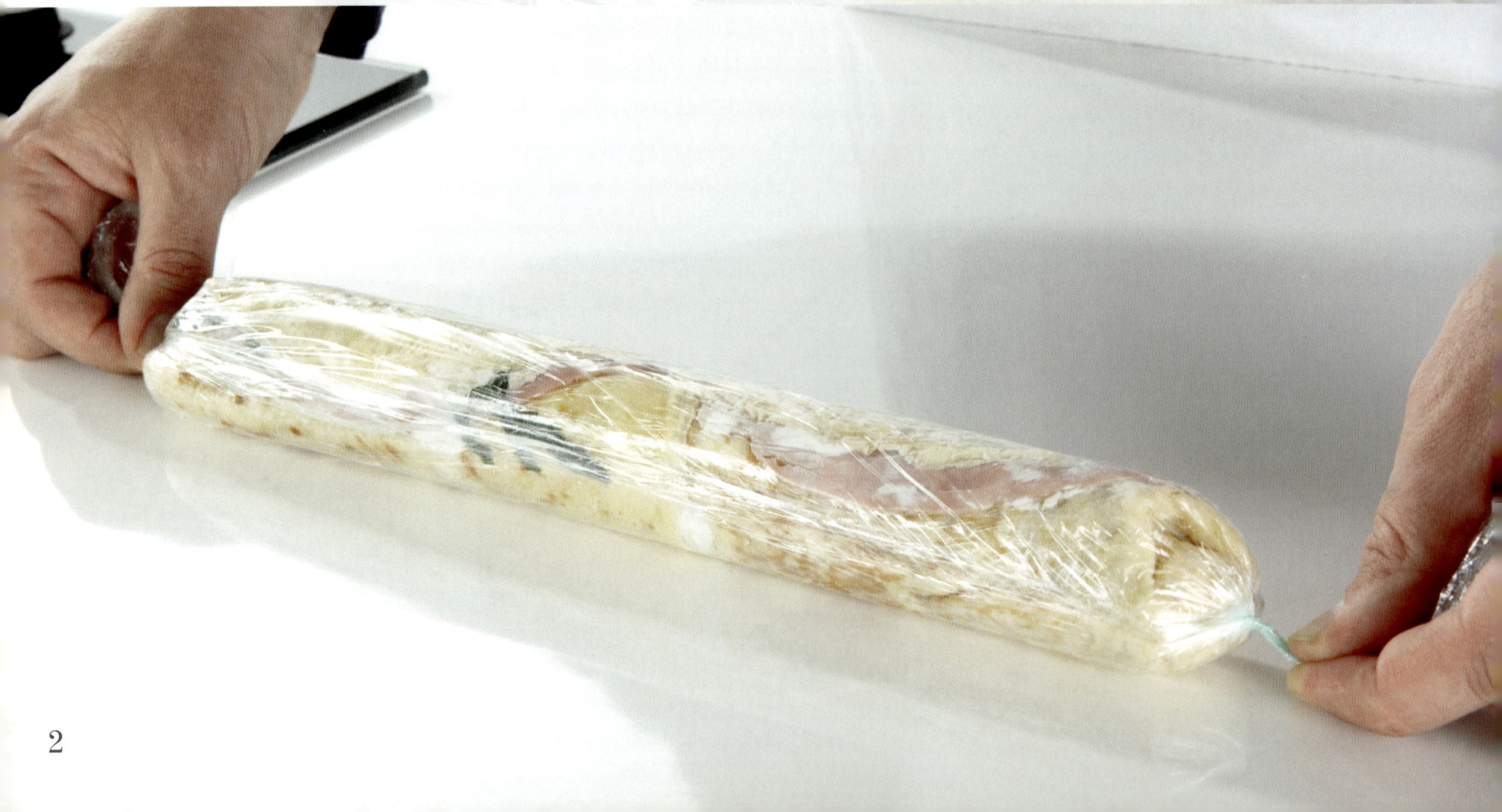

2

Crêperollen

Zubereitungszeit: 25 Min. + 30 Min. Ruhezeit

Zutaten für 15–20 Stück

Für den Crêpeteig

30 g Mehl
125 ml Milch
3 Eier (Größe M)
1 EL Olivenöl
Olivenöl (zum Braten)

Für die Füllung

50 g Rucola
200 g Frischkäse
150 g Kochschinken

8 Schnittlauchhalme

Zubereitung

Für die Crêpes **Mehl**, **Milch**, **Eier** und **Olivenöl** zu einem flüssigen Teig verrühren und 30 Minuten zugedeckt im Kühlschrank ruhen lassen.

Eine beschichtete Pfanne erhitzen, dünn mit **Olivenöl** bepinseln und eine Portion Crêpeteig einfüllen. Die Crêpe bei mittlerer Hitze 2 Minuten braten, dann wenden und 30 Sekunden weiterbraten. Den restlichen Teig ebenso verarbeiten. Crêpes abkühlen lassen.

Den **Rucola** waschen und trocken schleudern. Jeweils 2 Crêpes etwas überlappend auf einem ca. 30 cm langen Streifen Frischhaltefolie auslegen. Crêpes mit **Frischkäse** bestreichen und mit **Kochschinken** und Rucola belegen.* Crêpes aufrollen und in die Frischhaltefolie wickeln, Enden fest zusammendrehen. Crêperollen bis zum Anrichten kühl stellen.

Anrichten

Entfernen Sie die Folie und schneiden Sie die Crêperollen in 2 cm dicke Scheiben.** Auf einer Platte anrichten und mit schräg geschnittenen **Schnittlauchhalmen** dekorieren – fertig.

Tipps

* Es müssen natürlich nicht immer Frischkäse, Kochschinken und Rucola sein. Auch mit anderen Zutaten werden die Crêperollen zu einem kulinarischen Gedicht – Ihrer Fantasie und Kreativität sind beim Befüllen keine Grenzen gesetzt.

** Legen Sie die Crêperollen für 20 Minuten in das Tiefkühlfach – so behalten sie beim Schneiden besser ihre Form.

Crêpebeutel

Zubereitungszeit: 30 Min. + 30 Min. Ruhezeit

Zutaten für 8 Stück

Für den Crêpeteig

30 g Mehl
125 ml Milch
3 Eier (Größe M)
1 EL Olivenöl
etwas Olivenöl (zum Braten)

Für die Füllung

250 g Shiitakepilze
etwas Rapsöl (zum Braten)
etwas Salz
etwas Pfeffer
etwas Paprikapulver
4 EL Schnittlauchröllchen
1 TL Sesamöl
8 Stangen Wildspargel
1 Prise Zucker

einige kleine Salatblätter
(z. B. Mizuna-Salat)

Zubereitung

Für die Crêpes **Mehl**, **Milch**, **Eier** und **Olivenöl** zu einem flüssigen Teig verrühren und 30 Minuten zugedeckt im Kühlschrank ruhen lassen.

Eine beschichtete Pfanne erhitzen, dünn mit **Olivenöl** bepinseln und eine Portion Crêpeteig einfüllen. Die Crêpe bei mittlerer Hitze 2 Minuten braten, dann wenden und 30 Sekunden weiterbraten. Den restlichen Teig ebenso verarbeiten. Crêpes abkühlen lassen.

Die Crêpes mit einem Metallring (Ø 15 cm) ausstechen. Die **Pilze** putzen und klein schneiden. **Rapsöl** in einer Pfanne erhitzen und die Pilze bei starker Hitze 3 Minuten anbraten. Mit **Salz**, **Pfeffer** und 1 Prise **Paprikapulver** würzen. Die Pilze auskühlen lassen und mit **Schnittlauchröllchen*** und **Sesamöl**** mischen.

Wildspargel waschen – er muss übrigens nicht geschält werden –, in kochendem Salzwasser mit 1 Prise **Zucker** blanchieren, in einer Schüssel mit Eiswasser abschrecken und abtropfen lassen.

Anrichten

Geben Sie in die Mitte einer jeden Crêpe 1 EL Pilzmasse und formen sie dann zu Beuteln, die sie jeweils mit einer Spargelstange umwickeln und zuknoten. Zum Servieren setzen Sie die Beutel auf kleine **Salatblätter**.

Tipps

* Frischer Schnittlauch verstärkt den Eigengeschmack der Shiitakepilze und eignet sich auch gut für andere Pilzsorten.

** Sesamöl wird bei zu starkem Erhitzen bitter; fügen Sie es deshalb erst nach dem Braten hinzu.

1
2
3
4
5
6

A
B
C

Crostini-Variationen

blaue Kartoffeln
Rinderfilet
Seeteufelfilet
Avocados
Mizuna-Salat
Chilifäden

Grundrezept für Crostini

Zubereitungszeit: 15 Min.

Zutaten für 20 Stück

20 Baguettescheiben
4 EL Olivenöl
etwas Salz

Zubereitung

Den Backofen auf 180 Grad vorheizen.

Die **Baguettescheiben** auf Backbleche verteilen, mit **Olivenöl** bepinseln und salzen. Im heißen Ofen auf der mittleren Schiene 10 Minuten knusprig backen.*

Sie können die Crostini nach Belieben belegen. Lassen Sie sich dabei einfach von den folgenden Rezepten inspirieren!

Tipp

* Alternativ können Crostini auch in der Pfanne gebraten werden; bei größeren Mengen ist die Zubereitung im Ofen jedoch zeitsparender.

1

2

Kartoffelcreme-Crostini (A) *(Foto Seite 146)*

Zubereitungszeit: 30 Min.

Zutaten für 20 Stück

150 g blaue Kartoffeln
(gekocht, z. B. Vitelotte)
100 g Crème fraîche
etwas Salz
etwas Pfeffer
30 g Milch
200 g Rinderfilet
2 EL Olivenöl

1 Grundrezept für Crostini
(siehe links)
20 kleine Salatblätter
(z. B. Mizuna-Salat)

Zubereitung

Die **Kartoffeln*** pellen und mit **Crème fraîche** im Küchenmixer zu einer festen Creme mixen. Salzen, pfeffern und evtl. etwas **Milch** für eine dickcremige Konsistenz zufügen.

Das **Rinderfilet** in kleine Würfel schneiden, salzen und pfeffern. Das **Olivenöl** in einer Pfanne erhitzen und die Würfel darin 3 Minuten scharf anbraten.

Anrichten

Die vorbereiteten **Crostini** mit Kartoffelcreme belegen. Einige Filetwürfel daraufsetzen und mit 1 **Salatblatt** garnieren.

Tipp

* Kochen Sie die Kartoffeln mit der Schale, damit sie beim Kochen nicht zu viel Wasser ziehen. Damit die Masse nicht schleimig wird, müssen die Kartoffeln vollständig ausgekühlt sein, bevor sie im Küchenmixer weiterverarbeitet werden.

Avocado-Crostini mit Chilifäden (B) *(Foto Seite 146)*

Zubereitungszeit: 20 Min.

Zutaten für 20 Stück

2 reife Avocados
Saft und abgeriebene Schale von **2** Limetten
2 EL Olivenöl
etwas Salz
etwas Tabasco

1 Grundrezept für Crostini
(siehe Seite 148)
30 g Chilifäden

Zubereitung

Avocados halbieren und entkernen. Avocadofruchtfleisch aus der Schale lösen, mit **Limettensaft** und **-schale** im Küchenmixer zu einer glatten Creme mixen. **Olivenöl** untermixen, mit **Salz** und einigen Spritzern **Tabasco** abschmecken.*

Anrichten

Die vorbereiteten **Crostini** mit Avocadocreme belegen. Für das optische Aha-Erlebnis garnieren Sie die kleinen Brote mit einigen **Chilifäden**.

Tipp

* Die Avocadocreme können Sie bis zu 4 Stunden vorher zubereiten. Legen Sie hierfür die Frischhaltefolie direkt auf die Oberfläche der Creme, um den Kontakt mit Sauerstoff zu verhindern. Dann kühl stellen.

1

2

Seeteufel-Crostini (C) *(Foto Seite 146)*

Zubereitungszeit: 20 Min.

Zutaten für 20 Stück

500 g Seeteufelfilet
etwas Salz
etwas Pfeffer
2 EL Olivenöl
2 Bio-Zitronen
40 Blätter Mizuna-Salat

1 Grundrezept für Crostini
(siehe Seite 148)
150 g Frischkäse
20 Limettenfilets

Zubereitung

Das **Seeteufelfilet*** waschen, trocken tupfen und in 40 gleich große Stücke schneiden, salzen und pfeffern. Das **Olivenöl** in einer Pfanne erhitzen und die Fischscheiben von beiden Seiten 2 Minuten scharf anbraten, aus der Pfanne nehmen und auskühlen lassen.

Zitronen heiß waschen, abtrocknen, mit einem Zestenreißer Zesten abschneiden und den Saft auspressen. Zitronensaft mit Wasser zum Kochen bringen und die Zesten 3 Minuten darin kochen, abschrecken und abtropfen lassen. Den **Mizuna-Salat**** waschen und trocken schleudern.

Anrichten

Die vorbereiteten **Crostini** mit **Frischkäse** und Salat belegen. Jeweils 2 Seeteufelscheiben darauflegen und mit Zitronenzeste und je 1 **Limettenfilet** garnieren.

Tipps

* Seeteufel schmeckt ausgezeichnet, weil sein weißes Fleisch außerordentlich fest und bei richtiger Zubereitung dennoch zart ist. Natürlich können Sie auch andere festfleischige weiße Fischsorten wie Steinbeißer verwenden.

** Der Mizuna-Salat stammt aus Japan. Seine langen, sattgrünen, gezackten Blätter erinnern an Rucola. Mizuna hat einen leicht pfeffrigen, nussigen Geschmack und ist sehr knackig. Alternativ eignet sich für dieses Rezept Rucola.

Maishähnchen-Crêpe mit Möhrenconfit und Basilikumöl

Maishähnchenbrust
Möhre
Limette
Schnittlauch
Kardamom

Maishähnchen-Crêpe mit Möhrenconfit und Basilikumöl

Zubereitungszeit: 40 Min. + 40 Min. Kochzeit + 12 Std. Kühlzeit

Zutaten für 18–21 Stück

Für das Basilikumöl

100 g Basilikumblätter
150 ml Olivenöl
einige Schnittlauchhalme

Für die Crêpe

30 g Mehl
125 ml Milch
3 Eier (Größe M)
1 EL Olivenöl
etwas Olivenöl (zum Braten)
2 EL Rapsöl
1 Maishähnchenbrust
etwas Salz
2 Frühlingszwiebeln
1 mittelgroße Möhre
etwas Zucker
Saft von **1** Limette

Für das Möhrenconfit

150 g Möhren
150 g Zucker
Saft und abgeriebene Schale von **1** Zitrone
etwas Salz
etwas Pfeffer
etwas Kardamom (gemahlen)

einige Schnittlauchhalme

Zubereitung

Für das Öl die **Basilikumblätter** 5 Sekunden blanchieren, in Eiswasser abschrecken und mit Küchenpapier trocken tupfen. Das **Öl** mit den Blättern pürieren und über Nacht im Kühlschrank ziehen lassen. Durch ein feines Sieb passieren.

Für die Crêpes **Mehl**, **Milch**, **Eier** und **Olivenöl** zu einem flüssigen Teig verrühren und 30 Minuten zugedeckt im Kühlschrank ruhen lassen.

Eine beschichtete Pfanne erhitzen, dünn mit **Olivenöl** bepinseln und eine Portion Crêpeteig einfüllen. Die Crêpe bei mittlerer Hitze 2 Minuten braten, dann wenden und 30 Sekunden weiterbraten. Den restlichen Teig ebenso verarbeiten. Crêpes abkühlen lassen.

1 EL **Rapsöl** in einer Pfanne erhitzen. **Hähnchenbrust** salzen, zuerst auf der Hautseite 4–5 Minuten bei mittlerer Hitze braten, wenden und weitere 3 Minuten braten.* Aus der Pfanne nehmen und abkühlen lassen. Das Fleisch mit einem scharfen Messer schräg in 5 mm dicke Scheiben schneiden.

Die **Frühlingszwiebeln** putzen, waschen, in 4 cm lange Stücke schneiden und in 1 EL **Rapsöl** kurz andünsten. **Möhre** schälen und in 4 cm lange, dünne Stifte schneiden. Wasser mit **Zucker** und **Limettensaft** erhitzen, Möhre darin blanchieren, abschrecken und abtropfen lassen.

Tipps

* Für eine besonders krosse Kruste brate ich die Hautseite eher langsam an und erhöhe die Hitze nach und nach. Wenden Sie die Hähnchenbrust erst, wenn sich der Fleischrand milchig färbt.

** Der Schnittlauch lässt sich wesentlich einfacher binden, wenn Sie ihn vorher kurz blanchieren.

Für das Confit **Möhren** schälen und reiben. Mit **Zucker**, **Zitronensaft**, **-schale** und 50 ml Wasser aufkochen und 40 Minuten bei mittlerer Hitze kochen lassen. Anschließend pürieren und mit **Salz**, **Pfeffer** und **Kardamom** würzen. Auskühlen lassen.

Anrichten

Dritteln Sie die Crêpes und schneiden rechteckige Streifen zurecht. Bestreichen Sie die Crêpestreifen mit etwas Confit und belegen sie mittig mit **Frühlingszwiebeln**, **Möhrenstiften** und **Filetstreifen**. Crêpestreifen aufrollen und jeweils mit 1 **Schnittlauchhalm** verknoten.** Träufeln Sie **Basilikumöl** auf eine Platte, richten die Crêpes darauf an und nappieren das Ganze mit Möhrenconfit.

Süßes Party-vergnügen

... und das Beste zum Schluss!

Von Hochzeiten einmal abgesehen: Bei festlichen Anlässen wird schon lange keine bombastische Stufentorte mehr als krönendes Partydessert serviert. Der Trend geht auch bei Süßspeisen zu mundgerechten Häppchen, weil die Gäste so mehrere süße Genüsse probieren können. Denken Sie sich also für das Partybuffet ein Feuerwerk aus Mini-Desserts aus, die sich gegenseitig übertreffen. Was Sie dazu brauchen? Auf jeden Fall Lust an witzigen Formen und neuen Kreationen.

Egal ob Fruchtlolli, Eis am Stiel oder Schoko-Nuss-Salami: In diesem Kapitel lernen Sie feine, aufsehenerregende Köstlichkeiten kennen – jedes Stückchen eine kleine Sünde wert. Der beste Beweis ist die wunderbare Stille, die jeweils herrscht, wenn alle andächtig die Desserts vernaschen …

Kokos-Fruchtlollis mit Erdbeer-Joghurt-Dip

Melone
Mango
Kiwis
Erdbeeren
Kokosraspel
Joghurt

Kokos-Fruchtlollis mit Erdbeer-Joghurt-Dip

Zubereitungszeit: 15 Min. + 1 Std. Marinierzeit

Zutaten für 10 Stück

Für die Fruchtlollis

¼ Melone
1 Mango
2 Kiwis
10 Erdbeeren
50 ml Orangenlikör
(z. B. Grand Marnier)
10 Holzspieße
20 g Kokosraspel

Für den Joghurtdip

50 g Erdbeeren
200 g Joghurt

Zubereitung

Melone schälen und entkernen. **Mango** schälen und vom Stein schneiden. **Kiwis** schälen. **Erdbeeren** waschen, putzen und trocken tupfen. Die Früchte in gleich große Würfel mit 1 cm Kantenlänge schneiden und 1 Stunde im **Orangenlikör** marinieren.* Früchte kurz abtropfen lassen, abwechselnd auf die Holzspieße stecken und in **Kokosraspeln** wenden.**

Für den Dip die **Erdbeeren** waschen, putzen, trocken tupfen und grob pürieren.

Anrichten

Füllen Sie jeweils 2 EL Erdbeerpüree in kleine Gläser, verteilen den **Joghurt** darauf und servieren den Erdbeer-Joghurt-Dip zu den Fruchtspießen – ein bunter Partyknüller!

Tipps

* Mit Himbeersirup können Sie die Lollis alkoholfrei marinieren, denn auch Kinder werden von ihnen begeistert sein.

** Das geraspelte und getrocknete Fleisch der Kokosnuss ist sehr aromatisch. Durch das Rösten in der Pfanne oder im Backofen gewinnt es zusätzlich und erhält ein besonders feines Aroma.

1

2

3

Joghurteis am Stiel mit Schokogitter

Sahne
Kuvertüre
Joghurt

Joghurteis am Stiel mit Schokogitter

Zubereitungszeit: 35 Min. + 5 Std. Gefrierzeit

Zutaten für ca. 8 Stück

1 Ei (Größe M)
1 Eigelb (Größe M)
1 Blatt Gelatine
70 g weiße Kuvertüre
150 g Joghurt
150 ml Sahne
100 g Zartbitterkuvertüre (temperiert)
(siehe Seite 186 in „schöner kochen – Desserts" oder www.bjvv.de/freierezepte.aspx)

etwas Crushed Ice

Zubereitung

Ei und **Eigelb** über dem heißen Wasserbad aufschlagen. Die **Gelatine** in kaltem Wasser einweichen, ausdrücken und in der warmen Eimasse auflösen.

Die **weiße Kuvertüre** hacken, ebenfalls über dem heißen Wasserbad schmelzen und zu den Eiern geben. Die Masse etwas abkühlen lassen, dann den **Joghurt** unterrühren. Die **Sahne** steif schlagen und vorsichtig unterheben.*

Die Eismasse in Förmchen füllen, 10 Minuten anfrieren, dann einen Holzstiel hineinstecken und ca. 5 Stunden gefrieren lassen.

Die **Zartbitterkuvertüre** hacken und über dem heißen Wasserbad schmelzen. Das Stieleis aus den Formen lösen.**

Temperierte **Kuvertüre** in eine Spritztüte füllen und in schnellen Bewegungen über das Stieleis spritzen – das Eis wenden und den Vorgang wiederholen. Kuvertüregitter ca. 1 Minute aushärten lassen.***

Tipps

* Verwenden Sie Schlagsahne aus dem Kühlschrank, denn das Steifschlagen von Sahne mit Zimmertemperatur ist wesentlich schwieriger.

** Um das Stieleis aus den Förmchen zu lösen, halten Sie diese für einige Sekunden unter fließendes heißes Wasser.

*** Die Kuvertüre härtet sehr schnell aus. Am besten hält man das Eis am Stiel dabei in der Hand.

**** Für einen reibungslosen Arbeitsablauf empfehle ich Ihnen, alle Zutaten bereits im Vorfeld abzuwiegen und bereitzustellen.

1

2

3

Anrichten

Servieren Sie das Eis in einer mit **Crushed Ice** gefüllten Schüssel – so schmilzt die süße Pracht nicht sofort dahin.****

Heidelbeer-Crumble

Erdnüsse
Heidelbeeren
Sahne

1

2

3

4

Heidelbeer-Crumble

Zubereitungszeit: 30 Min. + 20 Min. Backzeit

Zutaten für 6–8 Stück

Für die Streusel

100 g Mehl
100 g Zucker
50 g Butter
80 g Erdnusskerne

Für die Creme

350 g Heidelbeeren
125 g Crème fraîche
125 ml Sahne

etwas Puderzucker
einige Karamellgitter
(siehe Seite 11 in „schöner kochen – Desserts" oder www.bjvv.de/freierezepte.aspx)

Zubereitung

Den Backofen auf 180 Grad vorheizen.

Mehl, **Zucker**, **Butter** und **Erdnüsse** in einem Küchenmixer fein hacken. Die Streusel auf ein mit Backpapier belegtes Backblech streuen und im heißen Ofen auf der mittleren Schiene 20 Minuten backen.

Inzwischen die **Heidelbeeren** waschen und trocken tupfen. 100 g Heidelbeeren pürieren und die restlichen Beeren beiseitestellen. **Crème fraîche** mit der **Sahne** steif schlagen, Beerenpüree unter die Sahnecreme rühren.*

Anrichten

Schichten Sie abwechselnd Creme, Streusel und **Heidelbeeren** in Gläser.** Jetzt nur noch mit **Puderzucker** bestäuben und mit **Karamellgittern** verzieren – und Löffel für Löffel puren Genuss erleben.

Tipps

* Natürlich schmeckt Crumble auch mit anderen Früchten hervorragend. Probieren Sie einfach immer wieder neue Geschmacksvarianten aus!

** Auf die Streuselschicht immer zuerst die Heidelbeeren legen und dann die Creme daraufschichten. Das verhindert das Einsinken der Beeren in die Creme.

Schoko-Nuss-Salami

Vollmilchkuvertüre
Zartbitterkuvertüre
Butterkekse
Haselnüsse
Macadamia-Nüsse

Schoko-Nuss-Salami

Zubereitungszeit: 40 Min. + 3 Std. Kühlzeit

Zutaten für ca. 15 Stücke

100 g Zartbitterkuvertüre
100 g Vollmilchkuvertüre
100 g Butter
100 g Butterkekse
75 g Haselnüsse
75 g Macadamia-Nüsse

100 g Puderzucker

Zubereitung

Die **Kuvertüren** grob hacken und mit der **Butter** über dem heißen Wasserbad schmelzen lassen.*

Die **Kekse** im Küchenmixer zu Bröseln zerkleinern. Keksbrösel und **Nüsse** zur Schokomasse geben und im Kühlschrank etwas abkühlen lassen. Sobald die Masse formbar ist, eine Rolle formen und in Frischhaltefolie wickeln.** 3 Stunden im Kühlschrank kalt stellen.

Anrichten

Wickeln Sie die Schoko-Nuss-Salami aus der Folie, bestäuben sie dick mit **Puderzucker** und schneiden sie in Scheiben – ein knackig-süßer Snack, außergewöhnlich präsentiert.

Tipps

* Fast jeder, der sich einmal an das Arbeiten mit Kuvertüre herangewagt hat, kennt das Problem: Die Kuvertüre wird grau oder nicht richtig fest oder schmilzt zu schnell in der Hand oder, oder, oder. Grundsätzlich sollten Sie beim Verarbeiten von Kuvertüre darauf achten, dass die Zimmertemperatur nicht mehr als 20 Grad beträgt. Mehr Wissenswertes über den richtigen Umgang mit Kuvertüre erfahren Sie im Buch „schöner kochen – Desserts“ auf Seite 186 oder unter www.bjvv.de/freierezepte.aspx.

** Biegen Sie die Masse zusätzlich in die typische Form einer Salami, nachdem Sie sie in die Folie gewickelt haben.

1
2
3
4

Birnen
Weißwein
Nelken
Zimtstange
Schokoladeneis
Marzipan
Kakao

Pochierte Birne mit gefüllter Hippe

Pochierte Birne mit gefüllter Hippe

Zubereitungszeit: 1 Std. + 10 Min. Backzeit

Zutaten für 4 Portionen

Für die pochierten Birnen

4 Birnen
500 ml Weißwein
200 g Zucker
2 Nelken
1 Sternanis
1 Zimtstange
150 g Vollmilchkuvertüre

(siehe Seite 186 in „schöner kochen – Desserts" oder www.bjvv.de/freierezepte.aspx)

Für den hellen Hippenteig

100 g Marzipanrohmasse
50 g Puderzucker
40 g Mehl
3 Eiweiß (Größe M)

Für den dunklen Hippenteig

50 g Puderzucker
40 g Mehl
50 g Butter
10 g Kakaopulver
2 Eiweiß (Größe M)

4 kleine Kugeln Schokoladeneis

Zubereitung

Die **Birnen** so schälen, dass der Stiel daran bleibt. Vom Blütenansatz her mit einem Kugelausstecher das Kerngehäuse entfernen und für den Stand die **Birne** etwas flach schneiden. **Weißwein** mit **Zucker**, **Nelken**, **Anis** und **Zimt** aufkochen, die Birnen hineinlegen und ca. 20 Minuten pochieren.* Den Topf von der Kochstelle nehmen und die Birnen bis zum Servieren im Sud beiseitestellen.

Den Backofen auf 180 Grad vorheizen.

Die Zutaten für den hellen Hippenteig in einer Küchenmaschine zu einem glatten Teig verkneten, dann die Zutaten für den dunklen Teig verrühren.

Die dunkle Hippenmasse in eine Spritztüte füllen. Mithilfe einer runden Schablone (Ø 10 cm) auf ein mit Backpapier belegtes Backblech helle Hippenkreise streichen und mit der Spritztüte eine Spirale daraufspritzen.** Nun mit einem Holzstäbchen Muster in die Hippen ziehen. Hippen im heißen Ofen auf der mittleren Schiene 10 Minuten goldbraun backen, anschließend sofort zu einem Hörnchen formen.***

Die grob gehackte **Kuvertüre** über dem heißen Wasserbad schmelzen.

Die **Birnen** aus dem Sud nehmen, ein Loch im oberen Drittel ausstechen und die Standfläche der **Birnen** schräg in die temperierte **Kuvertüre** tauchen.

Tipps

* Stechen Sie eine Metallnadel in die Birne, um zu prüfen, ob sie gar ist. Gleitet die Birne ohne Widerstand von der Nadel, ist sie genau richtig.

** Ziehen Sie das Hippenmuster sehr vorsichtig in die aufgestrichene Masse, damit die Hippen nach dem Backen keine Risse und Schnitte aufweisen.

*** Schillerlocken heißen die konischen Förmchen für die Hörnchen (z. B. bei www.hobbybäcker.de).

**** Richtig farbenfroh wird diese kleine Leckerei, wenn Sie die Hörnchen mit frischen Früchten füllen.

Anrichten

Stecken Sie die Hörnchen in die **Birnen** und setzen je 1 Kugel **Schokoladeneis** darauf – eine erfrischende Kreation, die nicht nur im Sommer bei Ihren Gästen für Begeisterung sorgen wird.****

1

2

3

4

5

6

Gewusst wie ...

Damit beim Nachkochen nichts schiefgeht, hier noch einige allgemeine Hinweise:

- Die Zeitangaben in den Rezepten sollen Ihnen helfen, den Arbeitsaufwand möglichst gut einzuschätzen.
- Schalten Sie den Backofen immer 10–20 Minuten vor dem tatsächlichen Gebrauch ein.
- Schmecken Sie Speisen doppelt ab: einmal während der Zubereitung und nochmals kurz vor dem Servieren.

Party, Picknick, Grillabend oder Festessen? Die Möglichkeiten zu feiern und zu genießen sind so vielfältig wie die Anlässe. Damit der besondere Tag auch kulinarisch zu einem Festtag wird, ist eine gute Planung das A und O. Mit den folgenden Tipps können Sie der Party ganz souverän entgegensehen und sich auch als Gastgeber auf ein entspanntes Fest freuen.

Das Vorher ist entscheidend

Vor allem die Vorbereitung ist wichtig: Was ist der Anlass, gibt es vielleicht sogar ein Motto? Soll es festlich oder eher ungezwungen zugehen? Wen möchten Sie einladen, passen die Gäste als Runde zusammen? Und natürlich: Welche Speisen und Getränke möchten Sie anbieten? Vor der Rezeptauswahl lohnt sich zudem die Überlegung, ob Vegetarier bei Ihnen zu Gast sind und ob Allergien gegen Nüsse, Gewürze und andere Kochzutaten oder Unverträglichkeiten wie Laktose- und Glutenintoleranz bestehen. Fragen Sie ruhig auch nach persönlichen Vorlieben. Schließlich sollen alle Ihre köstlichen Kreationen genießen können.

Die Rezeptauswahl

Gestalten Sie das Speisenangebot so, dass für jeden etwas dabei ist. Ich lasse mich immer von den Jahreszeiten inspirieren, denn saisonale Zutaten schmecken hervorragend, sind preisgünstig und überall leicht zu bekommen. Unterscheiden Sie zwischen Sommer- und Wintermenüs und planen Sie in der kalten Jahreszeit warme Speisen mit ein.

Natürlich variiert der Appetit Ihrer Gäste individuell und je nach Gehalt der Häppchen. Ein paar Faustregeln zur Mengenorientierung gibt es aber doch: Möchten Sie Ihre Gäste die ganze Party über voll verköstigen, planen Sie pro Person ca. 8–12 Stück ein. Als Appetizer vor einem großen Hauptgang reichen hingegen 3–5 Stück. Denken Sie auch daran, dass auf einer Party mit Familie und Freunden mehr gegessen wird als auf einem offiziellen Empfang und dass an kälteren Tagen der Appetit größer ist. Und: Gäste mit einem weiten Anreiseweg bringen meist mehr Esslust mit. Entscheidend trägt natürlich auch die Vielfalt der angebotenen Speisen zum Gelingen Ihrer Party bei. Vermeiden Sie deshalb Wiederholungen von Zutaten und Zubereitungsarten.

Der Einkauf

Brühe und Fond, Salz, Pfeffer und andere Gewürze, Zucker, Dosentomaten, Öl und Essig, Knoblauch und Zwiebeln – überprüfen Sie Ihre Vorräte, damit beim Kochen kein Stress ausbricht, weil Zutaten wie Salz oder Öl fast aufgebraucht sind. Eine Einkaufsliste mit allen Zutaten, die man benötigt, hat einen großen Vorteil: Man kann während des Einkaufens die Dinge wegstreichen und geht mit einem guten Gefühl nach Hause. Fragen wie „Habe ich daran gedacht?" oder „Fehlte hier nicht noch eine Zutat?" kommen gar nicht erst auf.

Überlegen Sie mithilfe der Einkaufsliste, wo und wann Sie welche Zutaten besorgen wollen – frische Produkte kaufe ich beispielsweise am Tag der Zubereitung, haltbare bereits einige Zeit vorher. Bekommen Sie alles in einem Supermarkt oder auf dem Wochenmarkt oder müssen Sie doch Spezialgeschäfte ansteuern? Liegt die Bäckerei oder die Fleischerei auf dem Weg – und welcher Weg spart Zeit? So läuft das Einkaufen entspannt ab.

Stressfrei vorbereiten

Suppen vorkochen, Dips und Desserts anrühren, Koch- und Essgeschirr, Gläser und Besteck bereitstellen – alles, was Sie im Vorfeld der Party zubereiten können, ist ein Zeitgeschenk für den Abend, an dem Ihre Gäste kommen. Gehen Sie das geplante Menü durch und filtern Sie die Arbeitsschritte heraus, die sich schon eher durchführen lassen. Gehen Sie die anderen Schritte im Kopf durch und planen Sie, mit welchen Sie am Tag der Party wann anfangen sollten, damit alles rechtzeitig auf dem Buffet steht.

Die Präsentation

Da ein Buffet „Selbstbedienung" bedeutet, müssen Sie alle Speisen so arrangieren, dass sie für jeden Gast gut erreichbar sind. Das Buffet lässt sich sowohl auf einem frei im Raum stehenden Tisch anrichten, der ringsherum zugänglich ist, als auch auf einer langen Tafel an der Wand – was fast genauso gut, aber viel platzsparender ist. Statten Sie alle Speisen – falls notwendig – mit Servierbesteck aus. Beachten Sie beim

Aufbau die Laufrichtung und platzieren Sie das Geschirr am Anfang des Buffets – da die meisten den Teller in der linken Hand halten, um mit der rechten Speisen aufzunehmen, ist es sinnvoll, den Gästefluss von rechts nach links zu leiten.

Dann folgen meist kleine Häppchen, Dips und Salate, Fisch und Fleisch. Zum Schluss werden Desserts, Gebäck und Käse, Brotsorten und Butter angeboten. Besteck und Servietten finden sich erst am Ende des Buffets, das vermeidet kompliziertes Herumhantieren. Wenn Ihnen genügend Platz zur Verfügung steht, können Sie die Desserts separat präsentieren und auch die kalten und warmen Speisen voneinander trennen. So verhindern Sie besonders bei großen Festen lange Warteschlangen.

Perfekt angerichtet, finden Ihre Speisen noch mal so viel Anklang. Probieren Sie doch einmal diese Tipps aus:

- Je ordentlicher Ihnen die Anordnung der Speisen gelingt, desto appetitlicher wirken sie. Setzen Sie sie in Reihen und mischen Sie 2–3 Sorten miteinander.
- Lassen Sie auf den Platten immer etwas Platz und vermeiden Sie überfüllte Teller oder allzu kunstvolle Häppchentürme, an die sich keiner herantraut.
- Belegen Sie die Teller mit Bananenblättern, Sushimatten oder verzieren Sie die Platten mit Ananas-, Wein- oder Palmblättern. Reiben Sie diese mit Öl ein und bringen Ihr Buffet so richtig zum Glänzen.
- Verwenden Sie natürliche Zutaten zum Servieren: Höhlen Sie eine Ananas aus und füllen Salat hinein. Setzen Sie ausgehöhlte Paprika, Orangen und Zitronen als Dipschalen ein. Präsentieren Sie in Kürbissen Suppen und nehmen Sie Melonen als Körbchen für Obst und Eis. Auch Muschelschalen eignen sich sehr gut, um Fingerfood aufregend in Szene zu setzen.
- Wenn Sie hauptsächlich Fingerfood, Spießchen oder Gerichte im Glas servieren, sorgen Sie für genügend Ablagemöglichkeiten für gebrauchte Gläser, Schalen und Spieße.
- Stellen Sie Fingerschalen mit warmem Wasser und Zitronenscheiben bereit, damit sich Ihre Gäste zwischen den einzelnen Häppchen die Finger säubern können.

Gorgonzola-Birne

Fotos Seite 185 A

Käse drapieren

Fotos Seite 185 B

Belegte Platten, die Klassiker des Partybuffets

Ob für eine Geburtstagsfeier im Büro oder eine Party unter Freunden: Eine selbst gemachte Wurst- oder Käseplatte kommt nach wie vor gut an. Und richtig angerichtet ist sie zudem ein echter Hingucker. Wählen Sie 4–5 Sorten, die gut miteinander harmonieren, für Ihre Buffetplatte aus – so können Sie sicher sein, dass jeder Gast das Richtige für sich findet.

Eine Käseplatte sollten Sie immer den verschiedenen Aromen entsprechend anrichten. Beginnen Sie beim Legen mit dem kräftigsten Käse und geben Sie zum Schluss den milden auf die Platte. Wie genau Sie die verschiedenen Sorten platzieren, dürfen Sie selbst entscheiden. Legen Sie beispielsweise einen Kreis oder platzieren Sie den Käse auf einer Seite der Platte und nutzen die andere für die Dekoration. Mit frischen Früchten putzen Sie Ihre Käseplatte besonders heraus.

Schneiden Sie weiche Wurstsorten stärker, feste Sorten feiner und machen Sie eine Umschlagprobe. Achten Sie beim Legen darauf, dass Sie Farb- und Beschaffenheitskontraste schaffen – wechseln Sie zwischen hellen und dunklen sowie feinen und groben Sorten. Zu Wurstplatten passen am besten Gemüsedekorationen.

A1
B1
A2
B2
A3
B3

Index

Hat Ihnen dieses Buch gefallen?

Dann empfehlen Sie es bitte weiter.

Kalte Küche

Warme Küche

Desserts

Impressum

Originalausgabe Becker Joest Volk Verlag

1. Auflage September 2011
ISBN 978-3-938100-69-1

Rezepte, Foodstyling Rafael Pranschke
Text Doreen Köstler
Projektleitung Johanna Hänichen
Food-Fotografie Hubertus Schüler
Step-Fotografie Raphael Schmitz
Fotoassistenz Ruth Friedrich und Benedikt Koester
Layout, typografische Gestaltung Johanna Hänichen und Anne Krause nach der Konzeption von Dipl.-Des. Justyna Krzyzanowska
Satz, Bildbearbeitung, Lithografie Makro Chroma Joest & Volk OHG, Werbeagentur, Hilden
Lektorat Dr. Stephanie Kloster

Praktisch: Die Einkaufslisten zu den Rezepten aus diesem Buch können Sie unter **www.bjvv.de/mengenrechner_party.aspx** für die gewünschte Personenzahl berechnen und für Ihren Einkauf ausdrucken.

Widmung

Dieses Buch widme ich meiner Frau Melanie, die mich in den vergangenen zwölf gemeinsamen Jahren bei allen meinen Projekten unermüdlich unterstützt hat.

Danke, Melie! Ohne Dich, Lia und Gabriel wäre mein Leben nur halb so schön.

Dank

Herzlichen Dank an Doreen Köstler für ihre wundervolle Arbeit als Texterin und Co-Autorin, an die Fotografen Hubertus Schüler und Raphael Schmitz für die herausragenden Food-Fotos sowie an Ruth Friedrich und Benedikt Koester für ihren Einsatz bei der Zubereitung der Gerichte.

Danke an die vielen Kollegen aus meinem kulinarischen Arbeitsumfeld für die Unterstützung.

Und last, but not least vielen Dank an Ralf Joest dafür, dass er mir stellvertretend für den Verlag erneut sein Vertrauen geschenkt hat, und an Johanna Hänichen und Justyna Krzyzanowska, die auch dieses Buch mit originellen Ideen, sehr viel Geduld und Einsatz liebevoll gestaltet haben.

Der Becker Joest Volk Verlag dankt Ilona und Michael Bohschke von *Bohschke Wohnaccessoires*, Hilden, für die freundliche Unterstützung bei der Porzellanausstattung. Geschirr und Glas stammen größtenteils von *Dibbern*. Bezugsquelle: www.bohschke.de.

Die Step-Fotos wurden auf einem der genialen Schneidebretter von *unicate* geshootet. Vielen Dank dafür an Matthias Attelmann. Bezugsquelle: www.unicate-holz.de.